Brita von Schönberg
Anna, die Grenzgängerin

Brita von Schönberg

Anna, die Grenzgängerin

Versuch eines Kriegskindes,
schwere Erlebnisse zu bewältigen

Ein deutsch-deutsches Schicksal

*Alles Gute
wünscht Ihnen
Brita v. Schönberg*

edition fischer

Bibliografische Information der Deutschen Nationalbibliothek
Die Deutsche Nationalbibliothek verzeichnet diese Publikation in
der Deutschen Nationalbibliografie; detaillierte bibliografische
Daten sind im Internet über http://dnb.d-nb.de abrufbar.

© 2009 by edition fischer GmbH
Orber Str. 30, D-60386 Frankfurt/Main
Alle Rechte vorbehalten
Schriftart: New Century 11°
Herstellung: Satz*Atelier* Cavlar / NL
Printed in Germany
ISBN 978-3-89950-460-6

Der Herr behütet die Heimatlosen,
er schützt die Witwen und Waisen.

Psalm 146,9

Inhalt

Vorwort

»Sind deine ird'schen Güter ganz entschwunden,
Hast du in deinen Schätzen nur zwei Brote noch gefunden,
Verkaufe eins davon, und kauf' mit dem Erlösten
Dir Hyazinthen, dass sie deine Seele trösten!«
(Moßleh od Din-Saadi, persischer Dichter des 13. Jahrhunderts)

Hier liegt eine Lebenserinnerung, eine Biografie, mehr noch: eine Analyse eines langen, ausgefüllten Lebens vor, welches unter denkbar schwierigen Verhältnissen als eine Kriegskindheit begann. Eine Analyse in bewundernswerter Klarheit und Präzision. Als Therapeutin kann ich sagen: Die Autorin hat durch ihr Schreiben den Prozess ihrer lebenslänglichen Selbstheilung bestaunenswert deutlich, knapp und klar zu Papier gebracht. Man könnte sagen: Im besten Sinne könnte es ein »Lehrbuch« sein und andere Menschen ihres Alters ermutigen, sich der Vergangenheit anzunähern.

Der Begründer der deutschen Integrativen Gestalttherapie Hilarion Petzold hat einmal geschrieben: »Das Leben schlägt ja nicht nur Wunden, es heilt auch, fördert, trägt zur Entfaltung bei.« Brita v. Schönberg kann dies ganz präzise benennen, was sie gefördert und gehalten hat: ihre Vorbilder in der Realität, nämlich wunderbare Menschen und tiefe Freundschaften, und im Geist (die heilige Elisabeth von Thüringen und Josef aus dem Alten Testament), ihre fabelhaften Ressourcen der Kreativität (Musik, Gestalten, Fotografieren) und zwei zutiefst heilende Eigenschaften, nämlich Dankbarkeit und Humor. Humor ist, so schrieb Siegmund Freud, die »größte psychische Leistung«, zu der Menschen fähig sind. Sie hat zur Voraussetzung, dass man solidarisch ist mit anderen, mit Ärmeren, mit denen, die weniger haben – materiell oder im Geiste. Dass man Abstand nimmt zu allem, besonders auch zu sich selbst. Im Humor steckt eine große Menschenliebe, steckt die Haltung: »Wir sitzen alle in einem Boot, also lasst uns das Beste daraus machen.« Es kommt ja nicht von ungefähr, dass der »berühmteste Humor« der jüdische ist, diese Überlebenskunst, dieser Überlebensbegleiter in ungezählten gefahrvollen Situationen über die Jahrtausende hinweg.

Der humorvolle Mensch starrt nicht – wie es eine höchst negative und zerstörerische deutsche Eigenschaft ist – auf die fehlerhaften und schmerzenden Details des Lebens, sondern betrachtet die Welt und die so irdisch handelnden Menschen als mehr oder weniger gelungene Gesamtkunstwerke und belächelt sich und die anderen liebevoll und duldsam. Der humorbegabte Mensch hat selbst Leid, Kummer und Verzweiflung erfahren, kennt die Realität genau und überwindet sie, indem er sie von außen mit dem spezifischen, humorvollen Blick betrachtet. Humor ist auch verknüpft mit der Intelligenz des Herzens und einer tiefen Dankbarkeit.

Brita v. Schönberg hat diese Dankbarkeit in einem wunderbaren Satz formuliert: »Aus der Klage ist ein Lied geworden.« Diese Fähigkeit, selbst Lebenssituationen in die Hand zu nehmen, um sie somit aktiv zu gestalten, sich nicht als Opfer zu fühlen, sondern als Gestalterin, gehört zu den Grundvoraussetzungen für Gesundheit. Diese Eigenschaften lernen wir als Kinder, in ihrem Fall durch eine Werte-Erziehung, die im Glauben wurzelte (das vermitteln – bei heutigen Kindern – keineswegs die Medienberieselung und die Beliebigkeit wertfreier

Kuschelpädagogik). Und die der tätigen Nächstenliebe einen hohen Stellenwert einräumte, was selbst die junge Konfirmandin durch ihre Päckchenaktion schon zu gestalten wusste und damit Brücken zwischen den Einheimischen und Flüchtlingen sowie Ost- und Westdeutschland schlug. Schon damals zeigte sich ihre ausgeprägte Fähigkeit zum sinnhaften und pädagogischen Führen.

Aaron Antonovsky, der Begründer der Salutogenese, das heißt der Gesundheitsforschung, hat folgende Punkte als Voraussetzung für unsere Gesundheit formuliert, um das überlebensnotwendige Kohärenzgefühl »innerlich zusammengehalten zu werden, nicht zu zerbrechen und auch in äußeren Anbindungen Unterstützung und Halt zu finden« zu entwickeln:

– Die Welt muss uns verständlich und erklärbar sein.
– Der Mensch muss Zugang zu inneren und äußeren Ressourcen oder Kraftquellen entwickelt haben, damit ihm seine Lebensaufgaben handhabbar erscheinen.
– Das Leben sollte als sinnhaft erfahren werden.

Dieses »Lebenslied« beschreibt die Autorin in einer bewundernswerten Abwesenheit von Klage, von (deutscher) Opfermentalität und Larmoyanz, obwohl sie im Krieg und als Flüchtlingskind Schlimmes, Todesnähe, Hunger und Bedrohungen erlebt hat und deren Familienmitglieder nach Jahrhunderten der Verbundenheit mit Sachsen 1945 den Liquidierungen der Sowjetarmee zum Opfer fielen, selbst mit kleinsten Kindern in Lager nach Rügen und Sibirien verschleppt wurden, wo viele der alten Verwandten qualvoll verhungerten und starben oder zur Flucht gezwungen und vollständig enteignet wurden. Hinzu kam die jeweilige Kreisverweisung durch die DDR, die bis 1989 nicht aufgehoben wurde, und die sogenannten »zweite Enteignung« der nicht zurück gegebenen Besitzungen nach der politischen Wende und der teilweise durch kriminelle Machenschaften verhinderte Rückkauf ehemaliger Besitzungen durch Familienmitglieder. Eine rechtlose Situation, die bis heute, 20 Jahre nach der Wende, anhält.

In Sachsen hatte ihre Familie in über 700 Jahren als Bischöfe, als Minister, als Staatsdiener in vielen Funktionen, als Begründer der ältesten Montanuniversität der Welt in Freiberg, als Oberberghauptleute über Jahrhunderte hin gedient und sich ein hohes Ansehen erworben. Dies wissend, liest man ihren Bericht, der so vollkommen frei ist von Schuldzuweisungen und Klagen, mit noch größerem Respekt.

Als Leserin der jüngeren Generation, aber auch als Therapeutin, die viele Patienten mit Kriegs- und Nachkriegsproblemen behandelt, kann ich nur ihrer Conclusio, dem Kapitel über die »Kriegskinder als Überlebenskünstler« beipflichten. In diesen neun Punkten hat Brita v. Schönberg alle Fähigkeiten, Ressourcen und Resilienzen aufgelistet, derer es bedarf, nicht nur um solch ein schwieriges Schicksal zu meistern, sondern auch um sich der Aufarbeitung zu nähern und diese zu bewältigen. Als eine Ermutigung für die Gleichaltrigen, dies – vor dem herannahenden hohen Alter, in welchem viele Menschen noch einmal von den Horrorszenarien ihrer Kindheit überflutet werden – in Angriff zu nehmen.

Astrid v. Friesen, Dresden Januar 2009

Die Autorin entstammt ebenfalls vertriebenen sächsischen Familien und lebt seit 1997 in Freiberg und Dresden, wo sie zwei psychotherapeutische Praxen hat und an den Universitäten unterrichtet. Sie ist Autorin und Publizistin und hat u. a. geschrieben: »Der lange Abschied. Psychische Spätfolgen für die zweite Generation deutscher Vertriebener« (Psychosozial-Verlag Gießen, 2000).

(www.astrid-von-friesen.de)

Einleitung

Das Jahr 2009 ist für unser Land ein Jahr des Gedenkens:
Vor 70 Jahren begann der Zweite Weltkrieg, der unsägliches Leid über uns und die beteiligten Völker brachte. Im Jahr 2009 ist der 60. Jahrestag der Gründung der Bundesrepublik Deutschland und der ehemaligen DDR. Damit schien die deutsche Teilung zementiert zu sein. Wie durch ein Wunder fand die jahrzehntelange Teilung unseres Volkes – eine Folge dieses Krieges – vor 20 Jahren ein unblutiges Ende in der Wiedervereinigung. Alle diese Ereignisse haben mein Leben geprägt. Wir haben diese Zeit miterlebt und zum Teil mit erlitten, auch wenn wir noch kleine Kinder waren. Vielen ist das nicht bewusst, doch sie leiden noch immer darunter. Manche Ereignisse wecken schreckliche Erinnerungen wieder auf – wir müssen uns damit auseinandersetzen.

Für mich und manche Altersgenossen kam dieser Augenblick schon mit dem Ausbruch des Zweiten Irak-Krieges, der diese Saiten zum Schwingen brachte. In der Nacht vor dem Ausbruch des Irak-Krieges hatte ich einen furchtbaren Traum, der Szenen aus dem Zweiten Weltkrieg wieder lebendig machte. Ich wusste nicht, dass der Kriegsbeginn so nahe bevorstand. Am nächsten Morgen stellte ich das Radio an: In den Nachrichten sprach man von Bombenangriffen auf Bagdad. Genau so wie ich litten in diesen Tagen Menschen meiner Jahrgänge auffällig häufig an Alpträumen oder Schlafstörungen. So schien in meiner Generation ein Kriegsvirus aktiviert, das in uns geschlummert hatte, von dem wir nicht geheilt worden waren. Wie sollten wir auch? Unsere Väter und

Mütter, soweit sie noch am Leben waren, hatten selbst zu viele Lasten zu tragen, um unsere Kümmernisse auch noch auf sich zu laden. Sie waren voll damit ausgelastet zu überleben und – oft in fremder Umgebung – eine neue Existenz aufzubauen. Wir Kinder jener Jahrgänge verhielten uns nicht auffällig. Im Gegenteil: Wir Ältesten waren oft genug die Stützen der allein gelassenen Mütter. So ist das Problem der Aufarbeitung – auch im Zuge der fortschreitenden Zeit – in Vergessenheit geraten, bis es im Zusammenhang mit dem Irak-Krieg wieder aktualisiert wurde.

Meine Absicht ist es, mein Leben zu schildern, soweit es durch den Krieg und seine Folgen bestimmt war. Es soll exemplarisch geschehen. Meine Person steht nur stellvertretend für viele andere. Es ist kein leichtes Unterfangen, sich und seinem Leben auf diese Weise gegenüberzutreten und Rechenschaft abzulegen. Mein Leben fiel in eine schwere Zeit, voller Konflikte und Umbrüche. Letztere, wie zum Beispiel die Wende, waren durchaus positiv. Doch kommen bei einer solchen Selbstreflexion viele düstere Bilder, verbunden mit Ängsten, wieder hervor, die man lange für überwunden hielt. Man muss in den Orkus hinabsteigen, um ein zweites Mal den Weg zurückzufinden. Das Bewusstsein, dieses Buch nicht für mich allein zu schreiben, gibt mir die Kraft dazu.

Hinter dem Namen »Anna«, mit dem ich dieses Buch überschreibe, werde ich mein Gesicht verhüllen. »Anna« ist der Vorname meiner Großmutter väterlicherseits und stellt mich in die Tradition unserer Familie. Ergänzend füge ich »die Grenzgängerin« hinzu. Mit Grenzen machte ich von Kindesbeinen an Erfahrungen: Ausgegrenzt von höherer Bildung wurde ich in der Sowjetzone schon vor meiner Einschulung – wegen meiner Herkunft. Über-

wunden werden konnte diese Grenze nur durch Grenz-
überschreitung, durch unsere Flucht nach Westdeutschland. So war ich zur Grenzgängerin geworden und blieb
es mein Leben lang. Zunächst betraf es die deutsch-deutsche Grenze, später auch die in andere Länder, in die ich
die Botschaft von einem nach dem Kriege veränderten,
friedliebenden Deutschland tragen wollte. Ich habe auch
meine eigenen Grenzen ausgelotet.

Das Buch soll ein hoffnungsvolles sein. Es soll Menschen meiner Generation ermutigen, in ähnlicher Weise
die Vergangenheit aufzuarbeiten und mit sich Frieden zu
schließen. Vielleicht kommen sie – wie ich – zu dem Ergebnis, dass sich aus Negativem Positives entwickelt hat.
Dabei wird sich zeigen, welche Ressourcen hilfreich sind.

In meinen Erinnerungen tauchen Fotos von Männern
in Uniform auf, die, umrahmt mit einem Trauerflor und
einem Blumenstrauß, auf den Kommoden und Vitrinen
standen. Sie erinnern an das Leid, das damals viele
getroffen hat. Kriege haben noch nie Probleme gelöst,
sondern nur neue geschaffen. Deshalb sollten wir sie als
Mittel der Politik ächten und auf Verhandlungen setzen,
für alle tragbare Lösungen suchen. Nur, wenn wir Not
und Elend, auch im Zuge der Globalisierung, lindern,
können wir partnerschaftlich miteinander leben und
Frieden finden. Das hoffen gerade wir Zeitzeugen der
letzten großen Katastrophe Deutschlands.

Widmen möchte ich das Buch meinem Neffen
Christian als Vertreter der jüngeren Generation, der
mich anregte, es zu schreiben.

Widmen möchte ich es auch meiner Freundin Renate,
Gefährtin meiner Generation und Freundin seit mehr als
60 Jahren, die mein Leben – trotz der deutsch-deutschen
Grenze – mit Liebe und Treue begleitet hat.

So wendet sich das Buch vor allem an zwei Zielgruppen: an die jüngere Generation, vertreten durch Christian. Dessen Frage ist: »Wie war es damals?« (Für sie sind die Kapitel wie »Mangel« oder »Grenzgänge« besonders interessant.) Die andere Zielgruppe ist durch meine Freundin Renate vertreten, Repräsentantin meiner Generation. Hier bieten sich vor allem die Kapitel an, die sich mit dem Kriegsgeschehen und dessen Bewältigung befassen. (Als Beispiel sei die Thematik »Dresden« genannt.) Beide Themenkomplexe sind miteinander verzahnt und damit für alle aufschlussreich.

Möge das Buch für die wechselvolle Geschichte unseres Volkes und unserer europäischen Nachbarn ein lebendiges Zeugnis geben!

»Granatsplitter«

Granatsplitter sind Teile einer gefährlichen Waffe, die im Krieg von Erwachsenen eingesetzt wird. Sie treffen nicht gezielt, sondern eher zufällig, aber deswegen nicht weniger wirksam. Sie können auch Kinder treffen, verwunden oder töten.

Von solchen Granatsplittern im Krieg möchte ich berichten. Sie stehen für kurze Episoden, kurz, aber Schrecken erregend: wie Blitze, die plötzlich aufleuchten und alles in ein unheimliches, grelles Licht tauchen. Solche Bilder hinterlassen auch in einem Kind unauslöschliche Spuren.

Lutherstadt Wittenberg war der Wohnort meiner Eltern. Es war schon 1940 durch Bomben gefährdet, so sehr, dass meine Mutter es nicht wagte, mich, ihr erstes Kind, dort zur Welt zu bringen. So lebte sie die letzte Zeit vor meiner Geburt in Großelbe, einem Dorf in Niedersachsen, wo ihre Schwester mit einem Landwirt verheiratet war und schon zwei Kinder hatte. Die nächste Stadt war Hildesheim, wo ich auf die Welt kam. Als Erstes vernahm ich, wie Kirchenglocken, evangelisch wie katholisch, in den Himmel trommelten: Dankesläuten für den Sieg der Deutschen in Paris, vom »Führer« angeordnet. – Auch Hildesheim blieb kein sicherer Ort: Am 22.03.1945 versank die Stadt in Schutt und Asche.

Meine Mutter ging mit mir nach Wittenberg zurück. 1943 wurde meine Schwester Ilse geboren. Am 12.12.1943 wurde sie dort in der Stadtkirche, der Predigtkirche Luthers, getauft. Hatte schon 1940 bei meiner Taufe die Glocke wegen Luftgefahr nicht läuten dürfen, so war der

Krieg – nach der verheerenden Niederlage der Deutschen bei Stalingrad – bedrohlich näher gerückt. Wie schon bei meiner Taufe mussten die Paten, die an der Front waren, vertreten werden. Bei meiner Schwester war es der jüngste Bruder meiner Mutter, der für die Taufe keinen Fronturlaub erhalten hatte und von seiner Schwester vertreten werden musste. Ansonsten hatten die Eltern für meine Schwester Patinnen gewählt, die im Krieg ihren Mann oder Sohn verloren hatten. Der Krieg drang bis in den engsten Familien- und Freundeskreis ein: Der Pfarrer hatte sich beim Taufkaffee kritisch über die politische Lage geäußert. Eine schwatzhafte Patin trug dies leichtfertig nach draußen. Die Folgen waren furchtbar.

Evakuierung: Wunschwitz, Heynitz: Ein Schimmer Licht

Wittenberg wurde als Garnisonstadt und Einflugschneise nach Berlin immer unsicherer. Tag und Nacht heulten die Sirenen: Fliegeralarm! Man musste sich möglichst schnell in Sicherheit bringen. Die Häuser hatten schwarze Pfeile, die meist auf die Kellerfenster zeigten: Luftschutzkeller. Außerdem gab es Bunker, in die man flüchtete, wenn einen der Alarm unterwegs erwischte. So erhielt die Stadt eine zweite Topografie – einen Stadtplan, der keiner war, besonders nachts nicht. Da hieß es: »Verdunkelungen herunter!« Wer sich nicht daran hielt, wurde bestraft. Die Straßen waren ohne Licht – die Stadt eine nachtschwarze Fläche – wie ausgelöscht. Natürlich erfand der Feind Gegenmittel, die sogenannten »Christbäume«, die von den feindlichen Flugzeugen niedergingen und das Feld für die Angriffe erleuchteten. Wenn die Sirenen aufheulten, entstand eine allgemeine Hektik: Jeder stürzte hastig in den Luftschutzkeller, meine Mutter mit je einem Kind unter dem Arm. Ich nahm meinen Teddy Karli mit: Er musste mich trösten. Wenn wir endlich den Sirenenton »Entwarnung« hörten, strömten wir in die Wohnungen zurück. Doch die Nachtruhe war hin. (Noch heute fahre ich zusammen, wenn ich Probealarm höre.) Die Angriffe waren bei zunehmender Häufigkeit kaum noch zu ertragen, und so wurden 1944 Frauen und Kinder evakuiert. Die Männer waren zum größten Teil an der Front.

Wir kamen nach Wunschwitz, das zu Schloss Heynitz bei Meißen gehört. Es war damals noch im Besitz meines Onkels Benno von Heynitz. Hier herrschten Ruhe und Ordnung, jedenfalls noch. Ab und zu besuchten wir Onkel Benno und Tante Lore in ihrem Schloss. Es wirkte düster, wie mit schwarzen Schleiern verhangen. »Sei ganz leise!« ermahnte mich meine Mutter immer. »Tante Lore ist sehr krank.« Tante Lores Herz litt unsäglich unter dem Tod ihrer drei Söhne innerhalb von 13 Monaten. Nur zwei Söhne und eine Tochter überlebten den Krieg. Onkel Benno, Dechant und Domherr von Meißen, versammelte abends die trauernde Familie in der kleinen Schlosskapelle, in der noch vor Kurzem einer der gefallenen Söhne getraut worden war. Er zündete die Altarkerzen an und las Abschnitte aus der Bibel vor, oft aus dem Johannesevangelium. Im Gebet gedachte die Familie der Toten.

Mit uns in Wunschwitz lebten Onkel Bennos Mutter und zwei seiner Schwestern mit ihren Kindern. Eine von den beiden war Tante Jo, meine Patin, die ein besonders wachsames Auge auf mich hatte. Wegen ihrer Strenge war sie bei uns Kindern nicht besonders beliebt. Abends trafen sich die Erwachsenen in den verschiedenen Wohnzimmern. Unseres lag unmittelbar neben unserem Schlafzimmer. Mutti ließ die Tür immer einen Spalt offen, zum Einschlafen. Tante Jo gefiel das gar nicht. So entspann sich zwischen meiner Mutter und ihr eine Diskussion, die ich durch den Türspalt mithörte:»Erika, die Tür zum Schlafzimmer ist nicht zu.« Mutti: »Die soll offen bleiben. Anna braucht diesen Spalt Licht zum Einschlafen.« »Aber das ist doch Unsinn! Wenn ein Kind einschlafen soll, braucht es völlige Dunkelheit.« »Bei ihr ist das anders. Dunkelheit macht ihr Angst. Das Licht zeigt ihr, dass ich in ihrer Nähe bin.« »Das ist doch wirklich übertrieben!« »Anna hat in Wittenberg Bombennächte erlebt und ist deswegen besonders ängstlich.« »Aber Wunschwitz ist doch kein Kriegsgebiet. Ihre Angst ist grundlos.« »Aber sie steckt noch tief in ihr drin. Man muss Geduld mit ihr haben.« »Anna ist fünf Jahre alt. Sie sollte vernünftiger sein, ein Vorbild für ihre kleine Schwester. So ist es eher umgekehrt. Sie sollte sich schämen!« »Wenn ich die Tür schließe, habe ich ein vor Angst schreiendes Kind. Wem nützt das?« »Ein paar Klapse hinten drauf, und es herrscht Ruhe! Was würde dein Mann, ein Offizier, der sein Vaterland an der Front verteidigt, zu deiner laxen Erziehung[1] sagen? Anna, eine Soldatentochter?« Dem

---

1 Im Nationalsozialismus war Härte ein erwünschtes Erziehungsziel. Vgl. dazu: Sigrid Chamberlain: »Adolf Hitler, die deutsche Mutter und ihr erstes Kind«, die sich mit der Pädagogik von Johanna Haarer kritisch auseinander setzt. Deren Standardwerk: »Die deutsche Mutter und ihr erstes Kind«, München/Berlin 1938, 266.–30.000. war sehr verbreitet. Auch Heinrich Böll nahm in seinem Buch »Ansichten eines Clowns« kritisch Stellung zu den Erziehungszielen des Nationalsozialismus (Frau Schnier).

wusste meine Mutter nichts entgegenzusetzen. Tante Jo war die Ältere, die Cousine ihres Mannes. Seufzend stand meine Mutter auf und schloss die Tür. Ich fing an zu weinen. Mutti reagierte nicht, auch nicht mit Schlägen. Ich fühlte mich verlassen und weinte mich in den Schlaf. Künftig galt: Wenn Mutti allein war, blieb die Tür offen. Kam Tante Jo, wurde sie geschlossen. Mutti mochte keine Kontroversen. Ich resignierte und blieb stumm. Obwohl das Gute-Nacht-Lied schon vorbei war, faltete ich die Hände auf der Bettdecke: »Lieber Gott, behüte uns! Lieber Gott, verlass uns nicht!« – »Dies Kind soll unverletzet sein.« (Paul Gerhardt)[2]

Gesprächsnotiz am 12. 11. 2008 um 9.40 in einem Elektrogeschäft:
Ich wollte leere Batterien austauschen. Die Juniorchefin bediente mich. Ich fragte: »Haben Sie auch Nachtleuchten für Kinderzimmer?« »Ja, Sie können sofort eine haben.« »Werden die eigentlich heute noch verlangt?« »Ja, durchaus! Es gibt Kindern ein Gefühl der Sicherheit, dass sie nicht allein sind. In der Dunkelheit haben manche das Gefühl, isoliert und eingeschlossen zu sein.« Ich erzählte ihr von der Diskussion zwischen meiner Mutter und meiner Tante. Sie gab meiner Mutter recht. »Übrigens«, fügte sie hinzu, »ich habe zwei Töchter im Alter von 13 und 18 Jahren. Auch sie lassen ihre Schlafzimmertüren offen, weil sie einen Schimmer Licht brauchen.«

---

2 Paul Gerhardt: »Nun ruhen alle Wälder«, 8. Strophe (EKG Nr. 477)

Brand Dresdens am 13. Februar 1945

Bad Staffelstein, den 13. 02. 2008
Eine weiße Rose steht vor mir auf dem Tisch. Eine weiße Rose halten Teilnehmer einer Gedenkveranstaltung am 13. Februar in den Händen. Ihre Botschaft: Wir wollen Frieden, keine Gewalt.

Meine Gedanken gehen 63 Jahre zurück. Wir waren in Wunschwitz. In jener Nacht wurde ich von unheimlichen Lichtreflexen am Nachthimmel geweckt. Meine Mutter kam an mein Bett. Ihr Gesicht drückte Entsetzen aus. Was war geschehen? Meine Mutter nahm mich mit in die Küche. Doch was war das? Ein Wetterleuchten erhellte den Himmel, das nicht aufhörte. Ein Wetterleuchten mitten im Februar? Mutti nahm mich auf den Arm, so dass ich aus dem Fenster schauen konnte. Das »Wetterleuchten« waren »Christbäume«, die über Dresden niedergingen. Von Wittenberg her wusste ich, was das bedeutete: Wenig später leuchteten Flammen auf, die sich verdichteten und schließlich zu einer Flammenwand wurden. Sie erschien uns erschreckend nahe. »Dort brennt Dresden«, flüsterte meine Mutter. Sie konnte diesen Anblick nicht allein ertragen. So teilten wir das Grauen. Ich blieb stumm vor Entsetzen. Doch dieses Bild hinterließ tiefe Spuren in mir: Bis zu meinem zehnten Lebensjahr konnte ich kein Streichholz anzünden: Meine Hände fingen an zu zittern, die Schachtel mit den Streichhölzern fiel zu Boden. Erst dann lernte ich – nicht ohne Zwang – einen normalen Umgang mit Streichhölzern.

13. 02. 1992:
Seit September 1991 unterrichtete ich am St. Benno-Gymnasium in Dresden. Damals erlebte ich zum ersten

Mal vor Ort den Gedenktag an den furchtbaren Angriff am 13. 02. 1945. Gegen 20.30 Uhr trafen sich viele Menschen zu einem ökumenischen Gottesdienst in der Kreuzkirche. Ich saß auf der letzten Bank, mit einer Kerze in der Hand – für die Prozession nach dem Gottesdienst, neben mir: die tröstliche Nähe von Kollegen. Um 21.45 Uhr fingen die Glocken an zu läuten: alle Glocken Dresdens. Es war der Zeitpunkt, zu dem der Angriff auf die Stadt begann. Ich zog meinen Mantel enger um mich: Mir schauderte. Gleichzeitig schoss es mir heiß in die Augen. Ich schloss sie, um meine Tränen zu verbergen. – Nachdem der Gottesdienst zu Ende war, strömten alle zur Tür. Auch der Himmel weinte. Unter den Regenschirmen versuchten wir, unsere Kerzenflammen am Leben zu erhalten. Die Prozession zog zu den Trümmern der Frauenkirche. Wir stellten unsere Kerzen in den Schutt der Ruine, zwischen die Steine, die noch übrig geblieben waren.

13. 02. 1994
Dresden trug Trauer wie immer an diesem Tag: keine Tanzveranstaltungen, auch nicht im Fasching, keine Oper, sondern das Requiem von Brahms. Noch war die Frauenkirche eine Ruine, doch auch für sie zeichnete sich eine Wende ab.

Der Bischof von Coventry predigte in dem Gedenkgottesdienst in der Kreuzkirche. Er kam aus der Stadt, welche die Deutschen bombardiert hatten, bevor die Briten und die Amerikaner Dresden in Schutt und Asche legten. Ich hatte mit meiner englischen Freundin Doreen in der zerstörten Kathedrale von Coventry gestanden, mit einem Gefühl der Scham. Besonders hatte mich berührt, dass in einer Seitenkapelle der teils modern wieder errichteten Kathedrale die Bilder von der Zerstörung Dresdens ausgestellt waren. Ein Nagelkreuz wanderte von Coventry nach Dresden – als ein Zeichen der Versöhnung.

12. 02. 1995

Des 50. Jahrestages der Zerstörung Dresdens sollte in besonderer Weise gedacht werden. Aus diesem Anlass hatte Johannes Wallmann das Glocken-Requiem von Dresden komponiert und alle 129 Glocken der Stadt mit einbezogen. Die Uraufführung war ein spannendes Ereignis für mich. Der Mitteldeutsche Rundfunk übertrug live die Uraufführung. Ich hatte das Fenster geöffnet, so dass ich die Glocken der nahe gelegenen Trinitatiskirche hören konnte. So verfolgte ich aufmerksam, wenn sie zugleich in der Realität und im Radio erklangen. Wie viele unterschiedliche Glocken gibt es in Dresden! Wie viele wurden vor 50 Jahren zum Verstummen gebracht?

13. 02. 2008

Die Frauenkirche steht wieder. Eine Ruine, wo man Kerzen abstellen kann, gibt es nicht mehr. Man versuchte es mit einer Gedenkveranstaltung vor der Frauenkirche, die von der rechten Szene missbraucht und als Reaktion darauf von der linken Szene gestört wurde. Viele Teilnehmer dieser Veranstaltung trugen weiße Rosen in der Hand: »Bitte keine Gewalt!« Um Risiken bei der Gedenkfeier einzuschränken, hat man sie nun auf den Heidefriedhof verlegt, verbunden mit einer Kranzniederlegung in Anwesenheit des Ministerpräsidenten, des Bürgermeisters und der Vertreter der Stadt. Die Teilnehmer dieser Veranstaltung tragen weiße Rosen in ihren Händen als Zeichen des Friedens. Der Gedenkgottesdienst –

so die Information eines Kollegen von St. Benno – findet weiterhin statt.

Ich habe heute eine Kerze in der Kirche angezündet – zum Gedenken an die Toten von Dresden. Vor mir steht die weiße Rose, ein Symbol der Hoffnung.

Purschenstein: Flucht vor den Russen

Auch Wunschwitz war bald kein sicherer Ort mehr. Der Krieg rückte immer näher.

Vor mir liegt ein Brief meiner Mutter[3].

Mein Vater war aus der amerikanischen Gefangenschaft nach Westdeutschland auf das Gut meiner Verwandten in Großelbe entlassen worden – zu seiner Sicherheit. In Wittenberg hätten ihn die Russen als ehemaligen Offizier sofort verhaftet und nach Sibirien geschickt.

Meine Mutter beschreibt in diesem Brief unsere letzten Tage in Wunschwitz am Ende des Krieges vor der Flucht. Von allen Seiten näherte sich der Feind: vom Westen her die Amerikaner, vom Osten die Russen. Auf dem Hof des Gutes befanden sich deutsche Truppen: erst Sanitäter, dann eine Munitionskolonne. Hinter dem Gut hatte man Nebelwerfer aufgestellt. Der deutsche Stab wohnte in Schloss Heynitz und gab uns immer die aktuellen Nachrichten weiter. Tieffliegerangriffe zwangen uns, mehrmals täglich in den Luftschutzkeller zu gehen. Die Amerikaner zogen ab. Dafür kamen die Russen im-

---

3 Erika von Schönberg: »Lieber Georg!« (Brief an meinen Vater, Wittenberg, den 1.05.1946)

mer näher. Männer, die Erkundungsgänge machten, rieten Frauen und Mädchen zur Flucht. Meine Mutter beriet sich mit ihren Verwandten und beschloss, mit uns Kindern nach Schloss Purschenstein (Gemeinde Neuhausen im Erzgebirge) zu fliehen, das unserer Familie gehörte. Mit dem letzten Militärauto konnten wir bis Freiberg mitfahren. Dort gewährte uns Esther von Kirchbach, die Frau des dortigen Superintendenten, wie vielen anderen Flüchtlingen, Gastfreundschaft. Von Freiberg nahm uns ein Gemüseauto ins Erzgebirge nach Neuhausen mit. Eine Flasche Cognac stimmte den Fahrer freundlich: Er nahm auch unser Fluchtgepäck mit. Am Abend standen wir vor Vetter Georg von Schönbergs Tür. Ihm gehörte Purschenstein. Das Schloss hatte schon viele Flüchtlinge aufgenommen, aber es fand sich doch noch ein Durchgangszimmer für uns. Meine Mutter war erst einmal erleichtert. Doch es dauerte nicht lange, da kamen die Russen auch hierher. Es war eine wilde Soldateska, die Frauen und Mädchen nicht schonte. Ich hörte, wie sie angstvoll das Wort »Vergewaltigung« in den Mund nahmen. Zwar wusste ich nicht, was das war, doch hörte ich darin das Wort »GEWALT«. Es musste etwas Furchtbares sein. Die Frauen, auch meine Mutter, versteckten sich im Wald. Doch Ilse, verängstigt durch die Atmosphäre, schrie so laut und jämmerlich, dass die Frauen fürchteten, von ihr verraten zu werden. Deshalb ließ uns unsere Mutter schweren Herzens allein im Schloss zurück. So lagen wir in dem Durchgangszimmer in einem Bett – allein. Ilse war zum Glück ruhig und schlief. Plötzlich hörte ich Schritte. Sie näherten sich hinter der linken Tür. Sie öffnete sich: ein russischer Soldat! Ich erschrak. Er stand vor uns – in seiner Uniform und mit seinem Gewehr und blickte auf uns. Was würde er tun?

Langsam nahm er sein Gewehr von der Schulter. Mir stockte der Atem. Ob er den Lauf auf uns richten würde? Er tat es nicht! Statt dessen öffnete er die Tür des Kachelofens und rührte damit in der kalten Asche. Vielleicht wollte er versteckten Schmuck finden. Aber er fand nichts. Er stand auf, blickte kurz auf uns, hängte sein Gewehr wieder um und verließ das Zimmer durch die rechte Tür. Mir fiel ein Stein vom Herzen!

Im allgemeinen waren Russen kinderlieb. Trotzdem: Wäre dieser Soldat aus Leningrad gewesen und hätte bei der jahrelangen Belagerung durch die Deutschen seine Familie verloren, so wäre es verständlich gewesen, wenn er uns erschossen hätte.

Transport nach Lutherstadt Wittenberg: Wie ich beinahe meine Mutter verlor

Auch Purschenstein war kein sicherer Ort. Das hatte sich gezeigt. So strebte meine Mutter zurück nach Wittenberg, unseren ursprünglichen Wohnort. Der Krieg war zu Ende. Damit hatten auch die Bombenangriffe aufgehört. Doch überall herrschte Chaos. Flüchtlinge waren unterwegs, viele wussten nicht, wohin. Züge fuhren nur unregelmäßig. Wenn ein Zug kam, wurde er von Menschen überrannt. Jeder wollte mitkommen. Man wusste ja nicht, ob und wann der nächste fuhr. Wer zurückblieb, musste in den überfüllten Wartesälen notfalls auf dem Fußboden übernachten.

So stand meine Mutter mit uns beiden auf dem Bahnsteig, als ein Zug einfuhr. Wir standen ganz vorn. Menschenmassen drängten von hinten. Beinahe wäre ich zwischen die Bordsteinkante des Bahnsteigs und die Gleise geschubst oder zerquetscht worden. Angstvoll blickte meine Mutter auf ein Zugfenster, das sich öffnete. Ein freundlicher Mann streckte die Arme aus. Meine Mutter hob mich hoch, und er zog mich mit seinen Armen in das Abteil. Ich war gerettet. Plötzlich ein Pfiff! »Mutti!« schrie ich verzweifelt, aus Leibeskräften: »Der Zug fährt ab!« Dann sah ich sie nicht mehr. – Plötzlich öffnete sich die Abteiltür: Mutti, mit Ilse auf dem Arm! Den Kinderwagen musste sie auf dem Bahnsteig zurücklassen. Ich rannte auf sie zu, klammerte mich an sie und weinte.

Was wäre geschehen, wenn sie nicht doch noch das Trittbrett erwischt hätte und mit dem Zug mitgekommen wäre? Der freundliche Mann hätte ein bitterlich weinendes Mädchen trösten müssen. Irgendwann hätte er mich gefragt: »Wie heißt du denn?« Ich hätte ihm Namen und Wohnort nennen können. Meine Tante hatte mich neulich mit ernster Miene danach gefragt. Der Mann hätte mich zu seiner Familie mitgenommen. Seine Frau hätte gesagt: »Wir müssen versuchen, die Mutter der Kleinen wiederzufinden. Bis dahin bleibt das Kind bei uns.« Man hätte den Suchdienst des Roten Kreuzes benachrichtigt. Ein Foto von mir wäre mit den nötigen Angaben in die Reihe der Kinder aufgenommen worden, die ebenfalls ihre Eltern suchten. Diese Plakate hingen damals in allen öffentlichen Einrichtungen. Später nahm man aktualisierte Fotos, da mit zunehmendem Alter die Familienähnlichkeiten stärker heraustreten. Da ich meinen Namen und Wohnort angeben konnte, wären meine Chancen recht gut gewesen, mich wieder mit meiner Mutter zusammenzuführen.

Ganz anders wäre es bei Ilse gewesen. Auch sie hätte jämmerlich nach der Mutter geschrien, als sich der Zug in Bewegung setzte. Irgendwann hätte sie vor Erschöpfung aufgehört zu weinen. Doch der Mann konnte sie nicht nach ihrem Namen fragen: Sie war mit ihren eineinhalb Jahren noch zu klein. Der Mann hätte den süßen Lockenkopf mit nach Hause genommen. Wohl hätte er auch den Suchdienst des Roten Kreuzes eingeschaltet, jedoch wahrscheinlich vergeblich. Irgendwann hätte er die niedliche Kleine adoptiert und ihr einen Namen gegeben: vielleicht Heidrun oder Gerlinde. Germanische Namen waren damals modern. Ihr Leben wäre ganz anders verlaufen. Sie wüsste heute noch nicht, dass sie Ilse von Schönberg heißt. Nie hätte sie ihren geliebten Vater kennengelernt. Nach der Wende hätte sie nicht das Familiengut Schloss Reichstädt zurückgekauft und restauriert. Es wäre von einer Sekte erworben worden, die auch ein Kaufangebot gemacht hatte. Schloss Reichstädt wäre vielleicht so zu einem Zentrum einer Sekte geworden.

Ein Name – ein Schicksal – so viele Folgen!

Reportage über Flüchtlinge im Tschad (2008):

»Eine Frau schrie verzweifelt: Sie hatte ihre beiden Kinder im Menschengewühl verloren.«

Ankunft in Wittenberg:
Zu Hause und doch kein Zuhause mehr

Endlich, nach langer und qualvoller Fahrt, erreichten wir Wittenberg. Unser Wohnblock stand noch. Wir stiegen die Treppe hinauf, in den 1. Stock, öffneten die Wohnungstür: Es war stockdunkel. Die Bomben hatten die Fenster zertrümmert. Man hatte sie mit Pappe zugenagelt. An der Küchenuhr fehlte eine Ecke. Sonst war alles unbeschädigt. Meine Mutter musste in wenigstens einigen Fenstern die Scheiben ersetzen. Glas gab es nicht, doch Not machte erfinderisch. Meine Mutter nahm das Glas von den Bildern. Ein geschickter Glaser stückte sie zu Fensterscheiben zusammen. Lange Zeit zum Verschnaufen nach den Schrecken des Krieges blieb uns nicht. Auf den Feind von außen folgte der Feind von innen: der Klassenfeind! Er näherte sich in Gestalt eines betagten Flüchtlingsehepaares aus Ostpreußen, das bei uns eingewiesen wurde. Herr Horch hatte einen Schein als Nazi-Verfolgter. Grund: Er war Kommunist. Er und seine Frau belegten sofort die beiden großen Zimmer. Uns blieben das Elternschlafzimmer und ein kleines Kinderzimmer daneben. Wir konnten uns nicht wehren.

Bild für den abwesenden Vater.
Erika von Schönberg mit Brita links und Ilse rechts.
Aufnahme: A. Zscherpel, Wittenberg 1946

Mit gutem Grund hatten die Behörden dieses Ehepaar uns zugewiesen: Man wollte uns überwachen. Wir waren also Gefangene in der eigenen Wohnung. Kurz nach der Parteigründung trat Herr Horch in die SED ein. Meine Mutter wusste, woher der Wind wehte und schärfte mir folgende Verhaltensregeln ein:

Nie ein Wort über Vater, wenn Horchs dabei sind!

Was in unseren Zimmern gesprochen wird, bleibt in unseren Zimmern!

Was nicht gesagt wird, kann nicht gegen uns verwendet werden: Reden ist Silber, Schweigen ist Gold!

Ich beherzigte die Worte meiner Mutter, denn instinktiv spürte ich die Gefahr, die von Herrn und Frau Horch ausging. Wie ein scheues Kätzchen schlich ich durch die Wohnung und fuhr die Krallen aus, sobald mir jemand zu nahe kam. Frau Horch fand Ilse entzückend und zerrte sie immer wieder auf ihren Schoß. Ilse mochte das gar nicht: Sie ekelte sich vor der Haut von Frau Horch, die sie an die Haut von einem Suppenhuhn erinnerte.

So hatten zwar die Bomben unser Haus und unsere Wohnung verschont, doch ein Zuhause hatten wir nicht mehr. Meine Mutter sann auf Abhilfe.

Mangel

In der Sowjetzone durch die staatliche Versorgung

Chaos herrschte nach dem Zusammenbruch überall, nicht nur auf den Bahnhöfen. Überall lagen Trümmer, die bald durch Holzplanken abgeschirmt wurden. Boten doch Trümmergrundstücke durchaus die Möglichkeit, noch Brauchbares zu entdecken und mitzunehmen. Auch für uns Kinder bildeten sie hochinteressante Abenteuerspielplätze, auf denen man herumklettern konnte. Gelegentlich fanden wir Reste von scharfer Munition und verwendeten sie als »Knallfrösche«. Das musste natürlich unterbunden werden. Diese Wände aus Holzplanken boten reichlich Platz für Nachrichten wie diese meiner Mutter: »Tausche Brotschneidemaschine gegen einen Zentner Kartoffeln.« So funktionierte das interne Versorgungssystem: Wer etwas hatte, was er entbehren konnte, bot es an, um etwas zu bekommen, was er nicht hatte und dringend brauchte, zum Beispiel etwas zu essen. Auf die Weise kamen die Bauern, die über Nahrungsmittel verfügten, zu ungeahnten Besitztümern. Beziehungen zu jemandem, der Zugang zu lebenswichtigen Gütern wie Textilien hatte, waren sehr nützlich, weil man so zu begehrten Tauschobjekten kam. Wenn man das methodisch durchführte, nannte man das »Hamstern«. Mein Großvater verstand das meisterhaft. Ehemals Inhaber der Firma »Seifen-Werner« Großenhain zog er mit Waren aufs Land zu seiner alten Kundschaft und kam oft reich bepackt heim. Allerdings war ich als »Geflügelmuffel« über Täubchen aus Taubenheim nicht begeistert. Mein

Großvater war enttäuscht und fand mich undankbar. – Hausschneiderinnen hatten Hochkonjunktur. Sie nähten Wintermäntel aus Uniformen. Tante Karla, Muttis Freundin, nähte für uns. Wenn mir ein Pullover zu klein geworden war, kriegte ihn Ilse. Wenn er ihr zu klein war, wurde er aufgeribbelt und neu gestrickt. Wer mit dieser gekräuselten Wolle schon mal gestrickt hat, weiß, wie mühsam das ist. Strümpfe stricken und stopfen konnte jeder. Aus zwei bis drei Bettbezügen, Laken oder Kopfkissen machte man eins: Patchwork als Ernstfall! Ich könnte heute noch einen Winkelriss flicken: Wir haben es in der Schule gelernt. Von den Eisenbahnwaggons »organisierte« man sich Kohlen. Wehe, wenn man sich erwischen ließ! Während der Ernte standen wir Städter an den Rändern der Felder. Sobald der Bauer mit seinem Wagen davonfuhr, stürzten wir uns darauf, um die Reste einzusammeln: Kartoffeln oder Ähren. Ich weiß nicht genau, was unsere Mutter mit unserer mageren Ausbeute an Ähren gemacht hat. Ich nehme an, sie hat sie in der Kaffeemühle gemahlen und in die Suppe getan, denn Kaffee gab es schon lange nicht mehr. So sah jeder zu, wie er zu etwas kam. Wer was (nicht) hatte, wusste niemand so recht. Deshalb beschlossen die Behörden, den Mangel zu verwalten, und zwar mit Hilfe von Lebensmittelkarten. Meine war blau, Gruppe V und die schlechteste. Kinder brauchten ja am wenigsten, über sechs Jahre auch keine Milch mehr. (Mein Zahnarzt sagte neulich, ich hätte das für meine Jahrgänge typische schlechte Zahnmaterial.) Meine kleine Schwester erhielt einen halben Liter Magermilch täglich: für Kinder zwischen drei und sechs Jahren. Meine Mutter hatte die nächstschlechteste Karte: rosa, Gruppe IV. Wie die höheren Gruppen verteilt waren, kann ich nur vermuten, da ich sie nie zu Gesicht bekam: Gruppe III für Männer, Gruppe II für Schwerarbeiter und Gruppe I für Aktivisten wie Henneke. – Für Textilien, Schuhe und Kohlen gab es Bezugsscheine. Wehe, wenn man diese Dokumente verlor! Hamstern war (offiziell) verboten. Wenn man einkaufen ging, schnitt der Lebensmittelhändler die Zahl der Marken ab, für die man ein Nahrungsmittel verlangte, zum Beispiel für ein Pfund Mehl musste man fünf Marken zu hundert Gramm abgeben. Die klebte er in ein Buch, sonst kriegte er keine neue Ware. Nicht immer war lieferbar, was uns nach den Marken zustand. Dann wurde es durch etwas ersetzt, was gerade vorrätig war:

statt Fleisch gab es Hering,
statt Speck gab es Hering,
statt Leberwurst gab es Hering,
statt Schmalz gab es Hering und so weiter.

Ich habe heute noch eine Aversion gegen jede Form von Hering: Brathering, Rollmöpse, Heringssalate aller Art.

Um an seine monatliche Lebensmittelkarte zu kommen, musste man polizeilich gemeldet sein. Das waren nicht alle. Ohne Lebensmittelkarte musste man betteln gehen. Das taten viele, zum Beispiel Heimkehrer, die sich zu Fuß zu ihren Familien durchschlugen, falls sie noch existierten. Sie klingelten an den Wohnungstüren und baten um einen Teller Suppe oder wenigstens um ein Stückchen Brot. Sie sahen erbärmlich aus: oft mit schweren Verwundungen. Es fehlte dem einen ein Bein, dem anderen ein Arm.[4] Meine Mutter hat nie jemanden

---

4 Wolfgang Borchert schildert die Situation aus der Perspektive der Heimkehrer in seinem Stück »Draußen vor der Tür« 176. – 200 000, Hamburg 1958. Das Stück hatte im Nachkriegsdeutschland einen großen Erfolg.

abgewiesen und das Wenige, das wir hatten, mit ihnen geteilt: zum Beispiel Kartoffeln mit Kohlrüben oder Suppe aus Pferdewurstbrühe, die sie in der Nähe erstand. Ich versuchte, in einem Blumentopf eine Tomate auf der Fensterbank zu ziehen. Die Pferdeäpfel zum Düngen sammelte ich auf der Straße auf. Leider fiel die Pflanze einem Sturm zum Opfer, der sie herunter wehte. Ich war sehr traurig über unsere verlorene Tomatenernte. Wer einen Garten hatte, war gut dran. Das war sicher der Ausgangspunkt der »Datschen«, die in der DDR so beliebt waren, auch als Ort des Rückzugs aus der Öffentlichkeit. Zunächst dienten sie dazu, Versorgungsmängel auszugleichen.

Natürlich waren wir alle unterernährt, besonders wir Kinder. Infektionskrankheiten grassierten.

Exkurs: Kranke Kinder

»Diphtherie!« sagte unsere Gemeindeschwester und zog den Stiel eines Esslöffels aus meinem Hals. Meine Mutter erschrak. Ich hatte über Halsschmerzen geklagt. Meine Mutter hatte gehofft, dass es noch Wundschmerzen von einer Mandeloperation vor zehn Tagen waren. Sie musste Gewissheit haben, schon wegen Ilse und wegen der Kinder im Kindergarten, in dem sie arbeitete. Sie brachte mich ins Krankenhaus. Die Schwester hatte recht gehabt. Man schickte mich gleich auf die Isolierstation – für mindestens sechs Wochen. Alle 14 Tage wurde ein Abstrich gemacht: War er negativ, bekam man einen blauen Strich quer über die Fieberkarte. War er positiv, war der Strich rot. Drei blaue Striche hintereinander brauchte man, um das Krankenhaus verlassen zu dürfen. Jeder rote Strich bedeutete 14 Tage Verlängerung. (Als Kind habe ich deswegen »negativ« für etwas Gutes, »positiv« für etwas Schlechtes gehalten.) Ich lag in einem großen Krankensaal, einer Veranda ähnlich. Wir waren etwa zehn Kinder bis zu zwölf Jahren. Ich hatte das zweite Bett neben der Tür. Im ersten lag die kleine Gudrun, drei Jahre alt. Sie ist gestorben. Nun war ich die Kleinste und die Schwächste. Die Schwestern hatten nicht viel Zeit, sich um uns zu kümmern. Wie verhalten sich Kinder, wenn sie sich krank fühlen, unbeschäftigt sind und keinen Besuch bekommen? Sie werden unleidlich und – je nach Temperament – aggressiv. Opfer wurde das Kind, das sich am wenigsten wehren konnte, das jüngste und schwächste, also ich. So bekam ich die Bosheit, gerade der Ältesten, zu spüren. »Karline Rundloch!« spotteten sie, wenn mich die Schwester mit einer Spritze in den Oberschenkel aus dem Schlaf riss und den Raum verlassen hatte. Niemand hielt zu mir. Niemand tröstete mich. Ich legte mich auf die Seite, rollte mich zusammen wie ein Baby und wollte am liebsten nicht mehr da sein.

Heute würde man ein solches Verhalten »Mobbing« nennen. Auch wir Kriegskinder waren eben nicht nur Opfer, sondern auch Täter. Ob ich mitgemacht hätte, wenn ich älter und stärker gewesen wäre? Die Hölle, das sind wir. Endlich konnte ich sie verlassen: Meine Mutter holte mich nach Hause. Sie hatte meinen Essplatz mit Blumen und getrockneten Pflaumen geschmückt. Ilse guckte ein bisschen neidisch. Ich habe ihr bestimmt von den Pflaumen ein paar abgegeben.

In Westdeutschland durch Vaters geringes Übergangsgehalt

Später, im Westen, war alles anders: Es gab keine Lebensmittelkarten mehr, dafür satt zu essen. Manches hatte ich vorher noch nie gesehen: Apfelsinen, Zitronen, Ananas und Bananen. Ich aß Bananen, bis ich sie nicht mehr sehen konnte. Es gab sogar Schokolade! Aber: Alles kostete Geld, und davon hatten die Eltern wenig. Wir lebten auf dem Hof bei meinen Verwandten – auf dem Lande. Man hätte denken können, dass wir gelegentlich etwas zugesteckt bekamen, zum Beispiel aus dem Garten. Doch mein Onkel hatte nach dem Tod seiner Frau, der Schwester meiner Mutter, wieder geheiratet. Zu den fünf Kindern kam ein sechstes. So hielt man seine Dinge zusammen. Wenn Schlachtefest war, bekamen wir einen kleinen Eimer Brühe und für jeden ein Würstchen, wie alle anderen Flüchtlinge im Haus auch. Wir waren also ganz auf uns selbst angewiesen. Meine Mutter, die aus einem Kaufmannshaushalt stammte, verstand es meisterhaft, mit Vaters Übergangsgehalt von 198 DM[5] auszukommen. Sie führte ihr Ausgabenbuch auf den Pfennig genau, um jederzeit den Überblick zu behalten. Zu den Unterhaltskosten wie Miete, die wir für unsere winzigen Zimmer von insgesamt 25 Quadratmetern an meine Verwandten zahlten, kamen Holz und Kohle für unseren Küchenherd, der die Wohnung heizte, Kleidung und Schuhe, da wir in dem Alter schnell wuchsen. Manchmal kaufte meine Mutter die Sachen gleich auf Zuwachs. So bin ich in eine Skihose, im rauen Vorharz ein Muss und eine Art »Schuluniform«, nie hineingewachsen. Die meis-

---

5 1,95 DM entspricht etwa 1 Euro

ten Kosten verursachten die Lebensmittel für nunmehr vier Personen. Der Appetit von uns Kindern wuchs mit unserem Alter. Um einen Eindruck davon zu übermitteln, habe ich zwei Meisterbetriebe über die Preise[6] Anfang der Fünfzigerjahre befragt. Danach kosteten

Backwaren:

1 kg. Mischbrot	0,79 DM
1 Pfund Weißbrot	0,70 DM
1 einfache Semmel	0,05 DM
1 Schweinsohr	0,20 DM
1 Amerikaner	0,12 DM
1 Stück Blechkuchen	0,60 DM (eigentlich schon Luxus!)

Fleischwaren:

1 Pfund Rindfleisch	1,40 DM (für Sonntag 350 Gramm!)
1 Pfund Schweinefleisch	1,20 DM (Schnitzel)
1 Pfund Hackfleisch (gemischt)	1,50 DM
100 Gramm Speck	0,10 DM
1 Paar Wiener	0,50 DM

Für eine vierköpfige Familie kam da einiges zusammen. Wir mussten also anderweitig unsere Versorgungslage verbessern. Eine wichtige Quelle dafür war der Wald. Er bot uns Pilze als Ersatz für Fleisch. Mein Vater kannte sich aus und tauschte auch mit anderen Pilzsammlern Erfahrungen aus, so zum Beispiel mit Frau Ziegelrot,

---

6 Für diese Auskunft danke ich den Meisterbetrieben Bäckerei Kerling und Metzgerei Seidel, Bad Staffelstein. Die Preise in Niedersachsen werden sich nicht sehr davon unterschieden haben.

einer fanatischen Kommunistin. Bei der Bestimmung von Pilzen wurden ideologische Gegensätze mühelos überbrückt. Aus den großen Schirmpilzen bereitete meine Mutter Hackbraten zu, der so lecker schmeckte wie der aus Fleisch. Aus Bucheckern mit geschmolzenem Zucker entstand Krokant. Wir Kinder zogen alte Trainingshosen an, banden uns einen Strick um, an dem eine Milchkanne hing. Damit pflückten wir Beeren. Für ein Pfund gab es 20 Pfennige. Dafür musste man schon eine ganze Weile sammeln. Eine weitere Quelle für unsere Versorgung bildete ein Stück Feld, das wir, wie viele andere Flüchtlinge, gepachtet hatten. Wir zogen dort Gemüse und Kartoffeln, auch ein paar Blumen. Natürlich war das ohne Zaun kein sicherer Ort wie ein Garten. So wurde uns einmal die gesamte Kartoffelernte geklaut. Aus dem Wald wurde uns auch das Wasenholz (Reisig) geliefert: dünne Zweige und Äste, die der Förster ausschnitt. Sie wurden in großen Bündeln verkauft und eigneten sich hervorragend zum Feueranzünden. Sie mussten zerhackt und in kleine, handliche Bündel neu gebunden werden. Das war eine Arbeit für Kinder. Für ein Bündel bekamen wir fünf Pfennige. Wir besserten damit unser Taschengeld auf, das für mich 50 Pfennige monatlich betrug. Meine Mutter wollte, dass wir eigenständig mit Geld umgehen lernten. (Ein Brief an meine englische Schreibfreundin betrug damals schon 40 Pfennige.) Deshalb suchten wir nach weiteren Verdienstquellen, zum Beispiel auf den Feldern meines Onkels. Eine Arbeit war Kartoffellesen. Die Körbe, die wir mit »Sieglinde« oder »Ackersegen« in die Säcke leerten, wurden dann zu den üblichen Marktpreisen verkauft – auch an uns. – Eine besonders unangenehme Arbeit war das Flachsziehen, weil die Fasern die Finger blutig schnitten. Der Stundenlohn: 70 Pfennige die Stunde für die Frauen, fast alle Flüchtlinge, 35 Pfennige für uns Kinder. Die Frauen mussten also eine Stunde für ein Weißbrot arbeiten. Die Erwachsenen bekamen zuerst ihr Geld; sie mussten schließlich davon leben. Viele waren Kriegswitwen. Wir Kinder mussten auf die Bezahlung warten, bis Geld da war. Onkel Carl war oft knapp bei Kasse. Am liebsten arbeitete ich im Akkord, zum Beispiel, wenn wir für die Konservenfabrik Baddeckenstedt auf dem Feld Erbsen pflückten. Für den gefüllten Zentnersack gab es sechs DM, ganz gleich, wer ihn gepflückt hatte. Da die Frauen viel Zeit mit Plaudern vergeudeten, war ich fast so schnell wie sie. Mit der Zeit gab es auch Verdienstmöglichkeiten, die weniger anstrengend waren. Meine Puppen hatte ich auf der Flucht mitgenommen, aber für ihre Kleider war in dem Rucksack kein Platz mehr gewesen. So bat ich Tante Ella, sie mir in einem Päckchen nachzuschicken. Sie erfüllte mir diese Bitte nicht. So lernte ich, selbst neue Sachen zu stricken und zu häkeln. Bald kam der Auftrag, zu Weihnachten für die Puppen meiner Cousinen Kleider anzufertigen. Obwohl wir im gleichen Haus wohnten und täglich miteinander spielten, bewahrte ich darüber Schweigen. In einem unbewachten Moment landeten die Puppen bei mir zum Maßnehmen. Die Kleider entstanden zu Zeiten, in denen alle anderweitig beschäftigt waren, zum Beispiel bei »Schlachtefesten«, die ich grässlich fand. Da konnte ich in aller Ruhe arbeiten. So verdiente ich mir ein schönes Stück Geld: fünf DM für alle Kleider.

Ein anderes Arbeitsfeld war ein richtiger »Ringtausch«. Während ich als Zwölfjährige im Nachbarort bei einer Freundin auf der Hühnerfarm ihrer Eltern Verstecken spielte, entdeckte ich in einem Hühnerhaus völlig heruntergekommen und verdreckt Biedermeiermöbel: ein Sofa und dazu vier passende Stühle. Ich erzählte davon zu Hause. Meine Mutter sah sich die Sachen an: Ich hatte recht gehabt. Sie gehörten einer alten Dame in Thüringen, die unsere Familie kannte. Meine Mutter wollte sie ihr abkaufen. Doch die Besitzerin bat, statt Geld lieber Lebensmittelpäckchen zu schicken, denn die Versorgungslage in der DDR war noch immer desolat. So erwarben wir die Möbel und brachten sie zu uns. Ein alter Tischler, Flüchtling, der noch in Wien gelernt hatte, zog sie ab. Hervor kamen herrliche Kirschholz-Intarsien. Das Polster zupften wir Kinder. In unserem Haus wohnte ein Sattler, auch ein Flüchtling. Er polsterte und bezog die Möbel. Bezahlt wurde dies durch meine Nachhilfestunden in Englisch für seinen Sohn. Mit einem neuen Bezug waren sie Schmuckstücke und stehen heute, seit dem Tod meiner Mutter, in meinem Wohnzimmer. – Übrigens ging auch sonst manches Päckchen mit der Aufschrift »Geschenksendung, keine Handelsware« in den Osten, trotz unserer eigenen knappen Finanzlage.

Auch der Besuch einer höheren Schule kostete Geld. Trotzdem entschieden sich meine Eltern dafür, mich auf der Oberschule für Jungen (Gymnasium) in Salzgitter anzumelden. Das bedeutete 18 DM Schulgeld pro Monat. Dazu kam die Busfahrkarte für 13,50 DM monatlich, nicht gerechnet die Bücher, deren Kosten von den Eltern getragen werden mussten. Es war ein großes finanzielles Opfer, das meine Eltern damit auf sich nahmen. »Nicht wahr, das Schulgeld kommt bald weg!« sagte meine Mutter und sah mich ernst an. Mit dem ersten Zwischenzeugnis hatte ich es geschafft: Ich bekam Begabtenerlass. Die Bücher hielten wir sorgfältig und verkauften sie an den nächsten Jahrgang, wie auch wir uns mit den verbilligten Büchern der höheren Jahrgänge eindeckten

– gar kein schlechtes System und durchaus weiterzu-
empfehlen. In den höheren Klassen wurde die Feldarbeit
ganz durch Nachhilfestunden abgelöst. Im Zuge des
Wirtschaftswunders wurde auch die Bezahlung besser.

Im Studium durch Vaters Tod

Unsere finanzielle Lage änderte sich wenig, als wir von
Großelbe nach Wilhelmshaven zogen. Der Unterschied:
Die körperlich anstrengenden Arbeiten ländlicher Art
fielen weg. Statt dessen stieg die Zahl meiner Nachhilfe-
schüler und die Zahl der Fächer, in denen ich sie unterrichtete: von Englisch und Französisch hin bis zu
Mathematik. Dafür kamen neue Belastungen auf unsere
Familie zu: Vater wurde krank. Der erste Schlaganfall
lähmte ihn halbseitig. Am zweiten Schlaganfall starb er
nach wenigen Tagen. Meiner Mutter ging es danach sehr
schlecht: Sie hatte sich bei Vaters Pflege aufgerieben.
Wochenlang war sie im Krankenhaus, anschließend im
Sanatorium. Meine Schwester und ich, inzwischen 13
und 17 Jahre alt, versorgten uns in der Zeit selbststän-
dig. Finanziell mussten wir uns stärker einschränken,
denn meine Mutter bekam als Witwe nur einen bestimmten Prozentsatz von Vaters Bezügen. Wir Mädchen waren
älter geworden und damit auch anspruchsvoller. Aber
irgendwie haben wir uns arrangiert.

Aufwendiger wurde mein Lebensunterhalt, als ich
nach dem Abitur nach Marburg ins Studium ging. Zum
ersten Mal im Leben hatte ich ein eigenes Zimmer. Meine
Mutter konnte mir monatlich 180 DM zukommen lassen.
Davon entfielen

50 DM für mein Zimmer (mit fließend Kaltwasser)
90 DM Verpflegung (Tagessatz: 3 DM)
40 DM sonstige Ausgaben, zum Beispiel Bücher.

Meist aß ich in der Mensa: Stammeintopf für 75 Pfennige (»gedrängte Wochenübersicht«). Es war das billigste Essen. Bücher waren teuer. So kostete »Das sprachliche Kunstwerk« von Wolfgang Kaiser knapp 20 DM – ein Standardwerk für Germanisten. Ich führte – genau wie meine Mutter – auf den Pfennig genau ein Ausgabenbuch. Manchmal bestand am Monatsende das Plus aus 40 Pfennigen Flaschenpfand. Um etwas mehr finanziellen Spielraum zu haben, musste ich in den Semesterferien etwas dazu verdienen. Auf die Weise lernte ich sehr unterschiedliche Lebensbereiche kennen.

Der erste war eine Maschinenfabrik für Zeichengeräte in Wilhelmshaven. So konnte ich zu Hause wohnen. Man steckte mich in ein Büro: in die Kalkulation. Meine Aufgabe dort: Ich musste für jeden Teil einer Maschine bis hin zur kleinsten Schraube Laufzettel ausstellen in der Zahl, wie sie benötigt wurden. Zur Vervielfältigung dienten Matrizen und die entsprechenden Apparate. Deren Flüssigkeit verbreitete einen grässlichen Gestank, weswegen ich allein in einem geschlossenen Nebenraum, möglichst bei offenem Fenster, arbeiten musste. Was aus den Maschinenteilen und Schrauben entstand, wusste ich nicht. Es war eine typische Entfremdung von Arbeit und deren Ergebnis, nicht gerade motivierend für den, der die Arbeit leistete. Außerdem war ich von allen Kollegen isoliert. Da auch der Verdienst nicht überwältigend war, beschloss ich, mir für das nächste Mal etwas anderes zu suchen, um meinen Wechsel aufzustocken.

So meldete ich mich in den nächsten Semesterferien

für einen Kurs zur Ausbildung als Schwesterhelferin beim Roten Kreuz im Landeskrankenhaus Sanderbusch in Ostfriesland an. Diese Ausbildung wurde im Zuge des Kalten Krieges auch mit dem Gedanken durchgeführt, dass wir »im Verteidigungsfall« eingezogen und in den Krankenhäuser eingesetzt werden sollten als Ersatz für die Schwestern, die im Sanitätsbereich an der Front gebraucht wurden. Ich war dazu bereit. Meine praktische Ausbildung führte mich auf die Station Neurologie/Psychiatrie, auf der ich nicht nur das Pflegerische, sondern auch den Umgang mit schwierigen Patienten lernte. Nach der Prüfung erhielten wir mit dem Ausbildungs- und Einsatzbuch die entsprechende Brosche und Tracht, die meine Mutter schon im Einsatz auf dem Wittenberger Bahnhof während des Krieges getragen hatte. Diese Ausbildung war sehr nützlich: Ich konnte mir auch während des Semesters durch Wochenenddienste als »Springer« etwas dazu verdienen. (Wenn ich Glück hatte, räumte die Stationsschwester am Sonntagabend den Kühlschrank auf und gab mir alle Reste mit.) Man meldete sich bei der Zentrale der Klinikverwaltung und wurde da eingesetzt, wo im Personal ein Engpass bestand. So lernte ich sehr unterschiedliche Abteilungen und Menschenschicksale kennen. In der Onkologie schmückte ich zum 1. Advent den Adventskranz im Flur der Station, den die Schwerkranken gar nicht zu Gesicht bekamen, sondern nur die bekümmerten Angehörigen. Ob sie dadurch ein wenig aufgerichtet wurden? – Andrerseits: Die Wochenstation in der Frauenklinik neben der St. Elisabeth-Kirche in Marburg: Welche Hektik, aber auch welche Freude! Die kleinen Söhne glichen oft so sehr ihren Müttern, dass man das Armbändchen mit dem Namen gar nicht gebraucht hätte. Dort war ich länger tätig als Überbrückung zwischen dem 1. Staatsexamen und dem Referendariat. Auch für meinen Dienst in der Schule haben mir meine Kenntnisse auf diesem Gebiet bei Unfällen oder plötzlichen Erkrankungen sehr genutzt.

Mein dritter Tätigkeitsbereich im Rahmen meiner Ferienjobs: Ich bewarb mich als Verkäuferin bei Karstadt. Vor Ostern war Not am Mann in der Süßwarenabteilung. Meine Mutter war skeptisch: »Du bist doch viel zu langsam!« meinte sie. Ich ließ es darauf ankommen. Meine Chefin schickte mich in den ersten drei Tagen auf das Warenlager, um Ware auszuzeichnen. Auf die Weise bekam ich einen Überblick über das Sortiment und die Preise. Es gab zum Beispiel eine riesige Auswahl von Ostereiern aus Schokolade, die im Preis durchaus unterschiedlich waren. Dann ging es ins Erdgeschoss, in die Verkaufs-Abteilung. Wir waren ungefähr zehn Verkäuferinnen. Dazu gehörten auch die Lehrlinge. Sie waren damals noch aus der 8. Klasse entlassen worden und zum Teil schmächtige, kindliche Gestalten. Sie waren unvermittelt mit dem Berufsleben konfrontiert worden. Hatten sie früher den Vormittag meist auf Schulbänken sitzend verbracht, so waren sie in unserem Betrieb acht Stunden auf den Beinen, meist mit Hilfsarbeiten herumgeschickt. Sie taten mir leid. Wir hatten nur eine Kasse, mussten also fast alles im Kopf zusammenrechnen. Das war zunächst ein hartes Training für mich, zumal der Betrieb in einem hohen Tempo ablief. Ich schaffte es aber und entwickelte mich zu einem Verkaufstalent. Ich konnte geduldig Kinder beraten, die für 1,75 DM die ganze Familie beschenken wollten. Kam aber jemand zehn Minuten nach Geschäftsschluss aus dem 3. Stock an unseren Stand, präsentierte ich ihm eine teure Auswahl. Unter Zeitdruck wurde es dann ein aufwändiger Kauf. Als ich an einem Tag zwei knallbunte Marzipantorten für 15 DM das Stück abgesetzt hatte, bekam ich einen eigenen Stand mit Sonderartikeln. Mir machte diese Arbeit Spaß. Ich bin noch einige Male, zum Beispiel vor Weihnachten, im Einsatz gewesen. Ich lernte bei dieser Tätigkeit, Menschen mit ihren Wünschen schnell zu durchschauen und – zu lenken. Auch schwer verkäufliche Ware konnte ich mit Liebenswürdigkeit an den Mann bringen, zum Beispiel Maikäfer statt Osterhasen aus Schokolade, wenn diese ausgegangen waren. »Es ist ein Jammer um Sie!« sagte meine Chefin, als ich mich endgültig von ihr verabschiedete. »Hängen Sie doch Ihr Studium an den Nagel und kommen Sie zu uns! Ich mache eine Einkäuferin aus Ihnen.« Ich blieb Studentin, doch hatte ich auf diesem Weg meine kaufmännische Ader entdeckt. Sie half mir, als ich in der Schulleitung die Finanzen übernehmen musste. Das hat mir sogar Spaß gemacht!

Nun war ich im Studium so weit fortgeschritten, dass ich Ferientätigkeiten aufgeben musste. Gerade rechtzeitig, als meine Schwester Abitur machte und ins Studium ging, wurde ich in die Studienstiftung des deutschen Volkes aufgenommen und war finanziell nun ganz unabhängig.

Meine Reaktion auf die Erfahrung von Mangel: Arbeit in einem sozialen Brennpunkt

Obwohl ich unter dem Mangel subjektiv kaum gelitten habe, hat er mich doch sensibel für den Mangel anderer gemacht. So habe ich mich während meines Studiums einer Gruppe angeschlossen, die sich um sozial Benachteiligte kümmerte. Davon handelt der folgende Bericht, den ich in unserer Familienzeitung veröffentlichte.

Ein Beitrag zum Jubiläumsjahr
der heiligen Elisabeth 2007

»Wir Krekelaner«

Krekelaner? Das waren einmal die Bewohner des Krekels, eines Barackenviertels ohne Wasserleitung in der Nähe des Südbahnhofs von Marburg, unserer Universitätsstadt. Es war das, was man heute einen »sozialen Brennpunkt« nennen würde. Die Bewohner waren größtenteils kinderreiche Familien. (Wer vermietet schon eine Wohnung an eine Familie mit acht Kindern?) Zum anderen konnten die Bewohner nicht rechnen und waren zum Teil durch unüberlegte Ratenkäufe in finanzielle Not geraten. Eine Familie war durch eine Bürgschaft in dieses Viertel gekommen. Migranten? Damals nur eine Familie der Sinti und Roma. Andererseits waren wir »Krekelaner« eine Gruppe der Studentengemeinde in Marburg. Eigentlich waren es zwei Gruppen: der katholische Caritas-Kreis und der evangelische Diakonie-Kreis, den ich derzeit leitete – Mitte der Sechziger Jahre. Beide Kreise beschäftigten sich mit Sozialarbeit: der Caritas-Kreis im Krekel, neben der Betreuung von

Blinden, zum Beispiel Kommilitonen, meist Juristen, denen wir die nicht in Braille-Schrift veröffentlichte Fachliteratur auf Kassetten lasen. Sie tippten uns dafür die Examensarbeiten. (Marburg hat viele blinde Studenten, weil es dort ein Internat gibt, an dem Blinde ihr Abitur ablegen können.) Der Schwerpunkt des Diakonie-Kreises lag auf der Betreuung von Alten und chronisch Kranken (Besuchsdienst). Beide Kreise fanden, dass es nicht eine Frage der Konfession ist, wo sich jemand engagiert. So schlossen wir uns zusammen und waren damit eine der ersten aktiven ökumenischen Studentengruppen in Deutschland.

Zu uns gehörten bis zu 120 Studenten, die regelmäßig in den verschiedenen Bereichen Dienst taten. Im Krekel war es hauptsächlich die tägliche Betreuung der Hausaufgaben (das heißt: mit vier Kindern arbeiten, die anderen vier bändigen!). Wir gingen zu mehreren hin. Wenn jemand verhindert war (zum Beispiel durch Klausurentermine oder Abgabe von Seminararbeiten), musste er vertreten werden. Das regelten wir beim Mittagessen in der Mensa, wo wir bestimmte »Stammtische« hatten. Unsere Gruppe umfasste alle möglichen Fachschaften. Das war gut, wie ich an drei Beispielen zeigen werde.

Der erste Fall: Ralf (16 Jahre alt)
Viele Krekelaner verschafften sich durch den Handel mit Schrott einen »Nebenverdienst«. So hatte Ralf eine Kupferleitung ausgraben wollen, als ein Bauer ihn zur Rede stellte. Ralf »zog ihm eins über«: Körperverletzung, Anzeige. Als ich eines Tages in den Krekel kam, lief er mir über den Weg. Aus seiner Hosentasche zog er einen zerknitterten Zettel und zeigte ihn mir. Ich las: »Vorladung zur Gerichtsverhandlung«. Erschrocken sagte ich: »Das

war ja gestern!« Ralf antwortete: »Da hatte ich keine Zeit, musste Schiffschaukeln schieben.« Umgehend informierte ich Erich, einen Juristen, der sich der Sache annahm.

Der zweite Fall: Familie F.

Frau F. erwartete ihr zehntes Kind. Sie wollte zu Hause entbinden, weil sie Sorge hatte, dass ihr Mann während ihres Klinikaufenthaltes alles Geld in Alkohol umsetzen könnte. Unsere Mediziner rieten ihr dringend, in die Klinik zu gehen. Wir sammelten 100 DM und hinterlegten das Geld bei dem Kaufmann, wo die Familie gewöhnlich ihre Einkäufe erledigte. Nur Norbert, 14 Jahre alt, der älteste der Geschwister, erhielt dort etwas für das Geld ausgehändigt. Frau F. ging in die Uni-Klinik – zum Glück! Die Geburt der kleinen Hannelore war schwer. Was wäre mit den zehn Kindern passiert, wenn Frau F. bei der Geburt gestorben wäre?

Der dritte Fall: Pauline

Bei Familie M. hatte seit Jahren niemand einen Fuß zwischen Tür und Angel bekommen, auch die Sozialarbeiterinnen nicht, mit denen wir konstruktiv zusammenarbeiteten. Mir kam der Zufall in Gestalt von drei Katzen zur Hilfe. Mit zweien auf dem Arm und der dritten auf der Schulter öffnete ich die Tür und – hatte gewonnen! Die Familie war sehr heterogen: eine grimmige Großmutter, zwei Töchter, die in der Tannenberg-Kaserne putzen und »anschaffen« gingen, acht Kinder von diversen Vätern. Pauline, damals zwölf, führte den Haushalt. Folglich ging sie nur sporadisch zur Schule: Zeitmangel. Das der Lehrerin in der Sonderschule zu erklären, war eine typische Aufgabe für Lehramtskandidaten wie mich. So sah Pauline auch keine Notwendigkeit, den Konfirmandenunterricht regelmäßig zu besuchen, obwohl sie die Konfirmation ausdrücklich wollte. Folge: Pfarrer S., auch zuständig für das Viertel, in dem wir damals wohnten, verweigerte ihr und Silke (aus demselben Grund) die Konfirmation. Da trat Ilse als Theologin auf den Plan. In einem Gespräch mit dem Pfarrer wurde vereinbart, dass die beiden den Unterricht in Privatstunden bei Ilse nachholten. Die beiden hielten sich daran. So fand die Konfirmation – etwas verspätet – am Pfingstmontag statt. Wir schafften es, für Pauline eine Lehrstelle zu finden, und zwar in einer renommierten Konditorei im Stadtzentrum. Pauline zeigte sich flink und geschickt in ihrem Arbeitsfeld, doch wir (auch die Chefin) hatten ständig Sorge, dass Pauline die Berufsschule schwänzte. Alles ging gut – Gott sei Dank! Pauline lernte einen Vorarbeiter kennen. Ilse, inzwischen Vikarin, hat die beiden in der Marburger St. Paulus-Kirche getraut. Die Hochzeit verlief dramatisch: Der aktuelle Liebhaber der Mutter erschien schon angetrunken zur Hochzeitsfeier, legte noch zu und wurde aggressiv. Es kam fast zu einer Schlägerei. Das bewog mich, die Mutter und ihren Freund mit einer List aus dem Verkehr zu ziehen. Die Feier war gerettet! – Pauline hat noch ohne Probleme lesen und schreiben gelernt: »Man kann doch nicht seinem Mann bildungsmäßig so unterlegen sein!« meinte sie.

Nur selten konnte man, wie meine Schwester Ilse als Vikarin, nach dem Examen in Marburg bleiben. Für unsere Gruppe bedeutete das Fluktuation: Bewährte gingen – entweder an eine andere Universität oder ins Examen. Neue mussten gefunden und eingearbeitet werden. Im Jahr 1967, als ich Examen machte, gab es einige wichtige Veränderungen: Der Krekel, die Baracken, waren wegen der Autobahn abgerissen, die Bewohner in menschenwürdige Wohnungen umgesiedelt worden. Unsere Arbeit wurde institutionalisiert durch die Gründung des AKSB (Arbeitskreis soziale Brennpunkte), der dieser Arbeit Kontinuität verlieh, bei wechselnden und neuen Problemgruppen, zum Beispiel den Russlanddeutschen. Anlässlich des 40-jährigen Jubiläums wurden wir Gründungsmitglieder nach Marburg eingeladen. Mich hat besonders gefreut, dass der Termin im Jubiläumsjahr der heiligen Elisabeth lag. Sie hat als Genius loci von Marburg unsere Arbeit sicher mit Wohlwollen und manchmal mit einem verstehenden Lächeln begleitet.

Zum Schluss eine Anekdote, die den Titel erklärt: Dr. v. S., ehemals Vormundschaftsrichter, fragte uns an einem Gruppenabend, ob wir im Krekel schon einmal bestohlen worden seien. Allgemeines Schweigen. – Darauf er: »Das ist ein gutes Zeichen, denn gegenseitig bestehlen sie sich nicht.«

Bad Staffelstein, den 19. 11. 2007
(Gedenktag der heiligen Elisabeth)
Brita von Schönberg
Entnommen aus: 12. Schönberg'sche Nachrichten, Mai 2008, S. 5–7

Auch andere Menschen hatten den Mangel nach dem Krieg und die Erfahrung von Hilfe, etwa durch die Care-Pakete oder die »Rosinenbomber« im Rahmen der Berliner Luftbrücke, nicht vergessen. Aus Dankbarkeit gaben sie mit offener Hand, wenn sie andere in Not sahen. Vielleicht ist das ein Grund dafür, dass die Deutschen als besonders bereitwillige Spender gelten.

Onkel Herbert und Tante Lotte
(Zwangskollektivierung in der DDR)

»Mach's gut, meine Große!« sagte meine Mutter zum Abschied. »Grüße Tante Lotte und Onkel Herbert von mir!« Sie stand auf dem Bahnsteig in Großenhain. Ich saß im Zug nach Berlin. Umsteigen sollte ich in Berlin-Gesundbrunnen in Richtung Neubrandenburg, wo mich Onkel Herbert abholen und nach Kalübbe bringen wollte. Ich sollte »mal richtig rausgefüttert« werden, wie man damals sagte, auf dem Bauernhof von Onkel Herbert. Ich reiste allein, denn Mutti musste bei Ilse und Opa bleiben, aber der Schaffner wusste Bescheid. Der Zug setzte sich langsam in Bewegung. Mutti winkte und wurde immer kleiner. Dann sah ich sie nicht mehr. Mit klopfendem Herzen blickte ich aus dem Fenster, verfolgte die Landschaft und die Stationen: Riesa, Leipzig, Wittenberg. Ein bisschen stolz war ich auch, mit meinen acht Jahren allein zu reisen. Das Gepäck war leicht, auch wenn ich die Sommerferien über in Kalübbe bleiben sollte. Im Notfall konnte mir Tante Lotte mit Sachen meiner Cousine Edda aushelfen, die gleichaltrig war.

Onkel Herbert war ein Neubauer auf einem Siedlungshof außerhalb von Kalübbe mit nur zwei Nachbarn. Er hatte sein Land schon vor dem Krieg bekommen. Zwanzig Hektar gehörten ihm. Das war die kritische Grenze zu den »Großbauern«, die schon damals mit sehr hohen Soll-Forderungen in Bedrängnis gebracht wurden, bis sie aufgaben: ein Erfolg im Sinne des kommunistischen Regimes.[7] Mein Onkel hatte deshalb fünf Hektar

---

7 Erich Riedel: Vom Werden und Vergehen der LPG, Querfurt 2005, S. 18 f.

an seinen Sohn Detlev überschrieben, der nur zwei Jahre älter war als seine Schwester Edda. Die Mutter der beiden war verstorben. Onkel Herbert heiratete dann Tante Lotte, die Schwester meiner Mutter und meine zweite Patin. Wir waren beide blond, und ich mochte sie lieber als Tante Jo, die in Wunschwitz so streng zu mir gewesen war. Zum Zeitpunkt ihrer Heirat war sie Mitte dreißig und hatte bis dahin im Laden meines Großvaters Seife, Waschpulver, 4711 und ähnliche Dinge verkauft. Nun wurde sie Bäuerin und musste sich sehr umstellen: statt Parfümduft Stallgeruch. Nach kurzer Zeit konnte sie alles: Kühe melken (am Anfang noch mit der Hand – ab morgens fünf Uhr) Schweine und Geflügel füttern und schlachten, Milch in der Zentrifuge verarbeiten, in einem riesigen Fass buttern, köstliches Brot backen, um dessen Kanten, den »Knust«, wir Kinder uns immer stritten. Später wurde meine Cousine Helga geboren. Dann hatte sie noch für ein drittes Kind, ein Baby, zu sorgen. Es war bewundernswert, wie sie alles schaffte. In den Sommerferien kam die Ernte dazu, bei der ein paar tüchtige, zuverlässige Helfer Onkel und Tante beim Ernten und Dreschen unterstützten.

Mein Empfang in Kalübbe verlief stürmisch. Ich betrat die Küche und sah Jupp, den Hofhund, vor dem warmen Küchenherd liegen und dösen. »Darf ich ihn streicheln?« fragte ich meine Tante. Nichts Böses ahnend, sagte sie: »Ja!« Ich ging hin, aber Jupp – wohl aufgeschreckt durch meinen fremden Geruch – biss mich in den rechten Arm. Er kriegte eine Tracht Prügel, ich einen Schuss Jod in die recht tiefe Wunde. Wir beide heulten um die Wette und vertrugen uns fortan prächtig. Jupp begleitete mich in den folgenden Tagen auf die Felder, wo gearbeitet wurde, wenn ich das zweite Frühstück dorthin bringen sollte. Am nächsten Tag ging ich in den Stall, in dem Kühe und Schweine untergebracht waren, manchmal auch Schafe. Im Stall herrschte ein Höllenlärm: Onkel Herbert war gerade dabei, Ferkel zu wiegen, die laut quiekten. Es waren arme Waisen: Vor einigen Tagen musste ihre Mutter notgeschlachtet werden. Ich beschloss, mich mütterlich um sie zu kümmern und brachte ihnen eine Extraportion Futter. Als Onkel Herbert das letzte Ferkel gewogen hatte, sagte er: »So, jetzt stell du dich mal auf die Waage!« Er ließ die Gewichte unverändert. »25 Kilo, wie das letzte Ferkel!« Er lachte so, dass man seine langen Zähne sah.

Wir Kinder waren viel an der frischen Luft, und so entwickelte ich einen gesunden Appetit. Hier gab es ja von allem, so viel wie man essen konnte: Brot mit Butter und selbstgekochter Marmelade, Milch, Sahne, hausgemachte Wurst, Schinken – von allem, bis man satt war, wie im Schlaraffenland! Das war ich ja von Wittenberg und Großenhain überhaupt nicht gewöhnt! Wir waren dort immer nur »ziemlich satt« von der Magerkost. Den unterdrückten Hunger merkten wir gar nicht mehr und beklagten uns nicht. Es ging ja keinem besser, den wir kannten.

Neben den Schweinen versorgten Tante Lotte und Onkel Herbert ungefähr ein Dutzend Kühe, deren Namen ich bald kannte: von Donna, der dunkelsten vorn, bis zu Toni am Ende der Reihe, die hell gefleckt war. Onkel Herbert war ein tüchtiger Landwirt. Immer hatte er sein Soll übererfüllt. Das brachte ihm finanzielle Vorteile: So bekam er für 100 Kilo »Schweinelebendmasse« (sic!)[8] 300 M für das festgelegte Plansoll. Für 100

---

8 Riedel, a. a. O. S. 29

Kilo über das Plansoll hinaus gab es 700 M. Deshalb stand damals der Hof auch finanziell gut da.

Aber der Himmel trübte sich durch die Kollektivierung der Landwirtschaft. Am 8. Juni 1952 wurde in der Gemeinde Merxleben bei Langensalza die erste LPG gegründet[9]. Es gab davon drei Typen:

Typ I: gemeinsame Pflanzenproduktion,

Typ II: gemeinsame Pflanzenproduktion mit eingebrachtem Zug- und Spannvieh einschließlich Traktoren,

Typ III : gemeinsame Pflanzen- und Tierproduktion und Einbringung von Wald-,Wasser-, Obst und aller anderen bewirtschafteten Ländereien und der Tiere.

Für seine individuelle Versorgung konnte jeder Bauer 0,5 Hektar Land als Garten- oder Weideland sowie ein Zugtier, eine Kuh oder ein Rind, bis zu fünf Schweine, ebenso viel Schafe oder Ziegen, Geflügel und Kleinvieh behalten. Auch einige Obstbäume verblieben zur individuellen Nutzung.[10] Erstrebt wurde höheren Ortes der Eintritt in Typ III, das war klar: Der Staat wollte den Bauern ganz. Ebenso klar war: Das wollten die meisten Bauern, auch Onkel Herbert, nicht. Es entbrannte ein Kampf mit allen Mitteln. Zunächst verfuhr man nach dem Prinzip: »Mit Zuckerbrot und Peitsche!«

»Mit Zuckerbrot« bedeutete, dass zum Beispiel Mitgliedern der LPG 70 Prozent Steuererlass eingeräumt wurde[11]. Parallel dazu begann man mit einer gezielten Werbung, für die Agitatoren geschult und eingesetzt wurden[12]. Genossen von Betriebsparteiorganisationen wurden von einheimischen Genossen eingewiesen. Zu

---

9 Riedel, a. a. O. S. 141
10 Riedel, a. a O. S. 43
11 Riedel, a. a. O. S. 141
12 Riedel, a. a. O. S. 58–60

zweit suchten sie die Bauern auf, also auch Onkel Herbert, um die Vorteile einer LPG aufzuzeigen. Sie sollten die Bauern zum Eintritt bewegen. Viele weigerten sich hartnäckig. Der Ton wurde schärfer. Schließlich standen die Agitatoren im Wettbewerb und damit unter Erfolgszwang. Man suchte Möglichkeiten, Bauern wegen Straftaten zu belangen und sie der Rechtssprechung zuzuführen, wenn sie sich nicht beugten. Viele Bauern gaben ihre Betriebe auf und flohen, wie auch die Nachbarn von Onkel Herbert, in den Westen. Was muss das für ein schwerer Entschluss gewesen sein, mit Handgepäck Haus und Hof zu verlassen, sich vorzustellen, wie die Tiere im Stall brüllen würden, wenn niemand zu der gewohnten Zeit zum Füttern und Melken käme! – Auch Onkel Herbert erwies sich als ein besonders hartnäckiger Fall, der den Agitatoren bis zum Frühjahr 1961 widerstand. Tante Lotte war bei den Diskussionen dabei, hielt sich aber im Hintergrund – voll Angst, mein Onkel könne durch sein aufbrausendes Temperament sich und seiner Familie schaden. Am Tag, nachdem Onkel Herberts Nachbar seinen Hof verlassen hatte, kam der Bürgermeister persönlich. »Herr R.«, sagte er, »unter Nachbarn spricht man doch mal ein offenes Wort. Sollten Sie wirklich nichts von dessen Fluchtplänen gewusst haben? Wissen Sie, dass so etwas Beihilfe zur Republikflucht und damit strafbar ist?« Mein Onkel wurde rot vor Zorn, sprang auf und schrie: »Ich habe damit nichts zu tun! Verlassen Sie mein Haus!« Der Bürgermeister erhob sich langsam und ging zur Tür. Während er auf die Klinke drückte, sagte er leise und drohend: »Wir sprechen uns wieder, Herr R.!« – »Um Himmels Willen, Herbert, was hast du getan«, seufzte Tante Lotte voll banger Ahnung, als der Bürgermeister gegangen war.

Die Folgen ließen nicht lange auf sich warten. Wieder einmal musste Onkel Herbert zu einer Bauernversammlung gehen. Er kam wieder, totenbleich. »Ich habe unterschrieben – Typ III. Ich konnte nicht mehr anders«, sagte er mit leiser Stimme. – Fortan war Onkel Herbert Landarbeiter auf seinem Hof. Seine Kühe hießen nun nicht mehr Donna und Toni R., sondern Donna und Toni LPG, außer seiner Lieblingskuh Meta, die ihm schon auf der Weide entgegenlief und die er zu seiner »Individual-Kuh« erkor. Damit rettete er sie vor einem Ende auf dem Schlachthof Neubrandenburg. Man war einsichtig genug gewesen, meinen Onkel nicht in eine Brigade im Dorf einzuteilen, sondern ihn weiterhin seinen Hof bewirtschaften zu lassen, den er tadellos in Schuss hielt. Sonst hätte es ständig Krach gegeben wegen der Inkompetenz und der Trägheit, die Onkel Herbert bei manchen Mitgliedern der Brigade ausgemacht hätte. Auch für Tante Lotte war es besser so. Doch wirkte sich die Mitgliedschaft in der LPG für ihn finanziell negativ aus: Man bewertete den Gesamtertrag einer LPG[13] und rechnete ihn in Einheiten um. Diese wurden dann in ihrem Wert mit der Zahl der Arbeitseinheiten multipliziert. Entsprechend war die Entlohnung für die Arbeit aller Mitglieder der entsprechenden LPG. Tüchtigkeit zahlte sich für den Einzelnen nicht mehr aus. Onkel Herbert gehörte zu einer LPG, die – aus welchen Gründen auch immer – leistungsschwach war. So sank sein Einkommen beträchtlich, bei gleichem Arbeitseinsatz auf seinem Hof, ohne dass er etwas daran ändern konnte.

Und wenn er auch in den Westen gegangen wäre?

Im Frühjahr 1961 bei seinem Eintritt in die LPG war

---

13 Riedel, a. a. O. S. 73

es noch möglich, bevor dieser Weg nach dem Bau der Mauer am 13. August 1961 verschlossen war. Diese Möglichkeit wurde auch in der Familie erörtert. Doch die Kinder wollten nicht weg aus der ihnen vertrauten Umgebung. Onkel Herbert und Tante Lotte dachten an den Hof und an ihr Vieh, auch wenn es ihnen nun nicht mehr gehörte. Beide blieben und litten. Es ging ihnen zu Herzen. Medikamente wurden nötig, die ihnen in der DDR nicht zugänglich waren. Tante Lotte schrieb das an ihre Schwester Erika, meine Mutter. Sie ließ sich die Medikamente verschreiben. Herzmittel sind nie falsch für ältere Menschen. Blieb nur noch der Transport. Nach einer Bestimmung der DDR war es verboten, Medikamente aus Westdeutschland zu schicken. Meine Mutter ersann einen Weg, das Verbot zu umgehen: Sie kaufte eine Mischung eingewickelter Bonbons. Von einem Teil entnahm sie das Papier und wickelte die Tabletten darin ein. Die wurden dann mit den echten Bonbons gemischt. Der Dankesbrief von Tante Lotte kam prompt: »Liebe Erika! Über die Bonbonmischung haben wir uns sehr gefreut, vielen Dank! Wir haben sie gerecht verteilt.« Meine Mutter wusste Bescheid: Es hatte alles nach Wunsch geklappt.

Ich fuhr immer wieder zu den beiden, um ihr Leid schweigend mitzutragen. Später durften sie mich mit dem »Rentnerexpress« in Kassel besuchen. Zu ihrer Silberhochzeit kaufte ich ihnen dort neue Trauringe, weil ihre alten durch die Arbeit durchgewetzt waren. So konnten die beiden uns, besonders auch meine Mutter, in ihrer Umwelt kennen lernen. Wir machten es ihnen so schön wie möglich: Ein Stückchen sonnigen Lebensabend sollten sie noch genießen. Onkel Herbert zog sich zurück. Er hatte viele geistige Interessen und las darüber Bücher.

So baute er einen Schutzwall zwischen sich und der neuen Wirklichkeit, die ihm zuwider war. 1981 starb er. Tante Lotte folgte ihm ein Vierteljahr später, einen Tag vor Weihnachten.

Wäre Onkel Herberts Weg in den normalen Bahnen eines Landwirts verlaufen, so hätte sein Sohn Detlev nach ihm seinen Hof übernommen. Detlev hatte von Kind auf seinem Vater auf die Finger geschaut, besonders, was den Umgang mit Tieren betraf. Er hatte eine dreijährige Ausbildung im landwirtschaftliche Bereich absolviert. Nichts hätte ihn gehindert, den gut geführten Hof seines Vaters zu übernehmen. Doch der gehörte nun der LPG. Detlev blieb gar nichts anderes übrig, als darin tätig zu werden, und zwar an der Stelle, wo man ihn brauchte.

Inzwischen hatte sich in allen Bereichen, auch in der Tierproduktion, vieles verändert. Immer größer wurden die Einheiten, von denen man sich größere Produktivität und höhere Erträge erhoffte. So verbrachte nun ein Rind nicht mehr sein ganzes Leben im gleichen Stall, sondern sein Leben wurde in mehrere Etappen an verschiedenen Orten aufgegliedert.[14] Es gab Kooperationsketten, zum Beispiel bei der Aufzucht von Milchvieh. Die Milchviehbetriebe lieferten die zuchttauglichen weiblichen Kälber an einen Aufzuchtbetrieb. Dieser kennzeichnete sie mit Ohrmarken und behielt sie bis zum Alter von sechs Monaten, wo sie in industriemäßigen Anlagen bis zu einem Gewicht von etwa 80 Kilo aufgezogen wurden. Diese weiblichen Jungrinder (Färsen) wurden in den nächsten Aufzuchtbetrieb verkauft und so lange dort gehalten, bis sie im siebenten Monat tragend waren. Dann führte ihr Weg in die Milchbetriebe zurück.

---

14 Riedel, a. a. O. S. 111

Detlev wurde dazu ausersehen, einen LPG-Stall von 2000 Färsen verantwortlich zu leiten. Die Kühe hatten keine Namen mehr, sondern Ohrmarken. Bei der Menge war es schwer, auf Anhieb zu erkennen, wenn es einem Tier schlecht ging. Diesen Umgangsstil mit Tieren war Detlev von seinem Vater nicht gewöhnt, ging ihm gegen den Strich. Färsen sind »Teenager« mit ihren Macken: Manche brachen aus und waren nur schwer wieder einzufangen. Auch auf seine Lebenseinstellung nahm man Einfluss, was Tante Lotte in ihren Briefen an uns als »Rotlichtbestrahlung« bezeichnete. Detlev trat schließlich in die SED ein und ging nicht mehr zur Kirche – sehr zum Kummer seiner Eltern. Doch auch ihm ging das alles an die Nieren: Er wurde krank, brauchte Dialyse. Eine Spenderniere, auf die er sehnsüchtig gewartet hatte, stieß der Körper wieder ab – zu seiner großen Enttäuschung. Er starb – noch nicht 60 Jahre alt – während einer Dialyse.

Seine Schwester Edda machte eine Hauswirtschaftslehre und heiratete. Mit ihrem Mann lebt sie in Boizenburg, ehemals unmittelbar an der deutsch-deutschen Grenze. Ihre Familie hat die Leiden des Lebens im Sperrgebiet kennengelernt, aber auch das volle Maß der Freude ausgekostet, als sich 1989 die Grenze öffnete und sie sich endlich wieder frei bewegen konnte.

Helga schloss die POS mit einem Einser-Zeugnis ab. Da sie sich für die Konfirmation und nicht für die sozialistische Jugendweihe entschieden hatte, wurde ihr der Zugang zur EOS und damit zum Abitur verwehrt. Nach dem Abschluss nach der 10. Klasse machte sie eine Ausbildung zur Krankenschwester. Sie teilte das Schicksal mit meinem Patenkind Hanna, der Tochter meiner Freundin Renate in Thüringen. Auch mein Patensohn Michael in Sachsen traf eine klare Entscheidung: für die Konfirmation, mit allen Konsequenzen. – Welche Folgen eine so harte Haltung des SED-Regimes gegenüber der Kirche hatte, spüren wir heute noch.

Fährt man jetzt durch die ehemalige DDR, fallen einem die riesigen Felder auf. Sie rühren her von der damaligen Pflanzenproduktion der LPG, die auch auf Größe der Betriebe setzte – wie bei der Tierproduktion. Heute werden diese Flächen ebenfalls von Genossenschaften bewirtschaftet, allerdings – und das ist der entscheidende Unterschied – von Bauern, die sich freiwillig zusammengeschlossen haben.

Grenzgänge

1947

»Aus dem goldnen Westen
kam ein brauner Mann
schwarz über die grüne Grenze
in den roten Osten,
erlebt dort sein blaues Wunder
und ärgert sich die Gelbsucht an den Hals.«

Solch ein »Farbenspiel« konnte man nur hinter geschlossenen Türen unter guten Bekannten weitererzählen. Dabei kannte ich als Kind viele politische Witze, hütete mich aber davor, sie zu verbreiten. Man konnte nicht wissen, an wen man geriet.

Wir, meine Mutter mit uns beiden Kindern, wollten auch »schwarz über die grüne Grenze«, allerdings in der anderen Richtung, um unseren Vater zu besuchen. Aus guten Gründen war er aus der amerikanischen Gefangenschaft nach Westdeutschland entlassen worden. Er konnte nicht zu uns kommen. Ein Kamerad hatte einmal versucht heimzukehren, war nachts um zwei Uhr in seine Wohnung gekommen, um etwas zu holen. Eine Stunde später verhaftete man ihn, auf Nimmerwiedersehen! Das sollte Vater erspart bleiben. Also machten wir uns auf. Bei unserer »Leibwache« Herrn und Frau Horch war das gar nicht so einfach. Irgendwie hatten die beiden mitgekriegt, dass wir verreisen wollten. »Wohin soll es denn gehen?« fragte mich Frau Horch neugierig im Wohnungsflur, als Mutti noch im Dienst war. »Nach

Aschersleben zu Tante Hete«, war meine Antwort. »Wer ist denn Tante Hete?« Das war eine Frage zu viel. Ich schlüpfte an Frau Horch vorbei, durch die Wohnungstür. Weg war ich, rannte zu meiner Freundin Renate, wo eigentlich immer jemand zu Hause war. Mochte Frau Horch doch heute Abend meine Mutter fragen, wenn sie noch mochte! »Oh, mit einem Rucksack?« fragte Frau Horch, als es endlich losgehen sollte. »Wollen Sie eine Wandertour mit den Kindern machen?« Meine Mutter antwortete: »Ich muss die Hände frei haben für Ilses Sportwagen.« So einfach war das! Frau Horch hatte nie Kinder gehabt.

Wir fuhren nun in einem Abteil der 3. Klasse für Reisende mit Traglasten nach Aschersleben, von dort nach Hessen, einem kleinen Ort, der direkt an der Grenze lag. Dort wohnte Tante Hete, eine Freundin meiner Mutter. Beide hatten gemeinsam ihre hauswirtschaftliche Ausbildung auf der dortigen Domäne gemacht. Tante Hete nahm uns herzlich auf. Am Abend, im Vollmondschein, machten wir uns mit einer Gruppe Grenzgänger auf den Weg. Taschenlampen hätten uns verraten. Jemand von ihnen sagte, er kenne den Weg. Einige Zeit kamen wir ganz gut voran. Doch plötzlich ein Schrei! Ein Kind steckte bis zur Hüfte im Sumpf. Hier ging es nicht weiter. Was tun? Wir kehrten nach Hessen zurück und blieben über Nacht bei Tante Hete.

Am nächsten Tag wollten wir es noch einmal versuchen – allein! Wir waren schon eine gute Strecke gegangen. »Halt!« rief jemand. Ein Grenzposten! Ausweichen konnten wir nicht mehr. Meine Mutter wies auf uns Kinder, wobei Ilse mit ihrem Liebreiz ihre Wirkung nicht verfehlte, und ließ den Hals einer Schnapsflasche aus der Tasche blinken. Der Grenzwächter verstand, nahm die Flasche und sagte: »Sie müssen einen Umweg von 7 Kilometern machen, sonst erwischt Sie der nächste Wachposten.« Dann beschrieb er uns genau den Weg. Meine Mutter bedankte sich, und wir zogen los. Sie schob Ilse im Sportwagen, und ich tippelte mit meinen siebenjährigen Beinchen 7 Kilometer. »Mutti, ich kann nicht mehr! Wann sind wir da?« fragte ich seufzend. »Bald!« vertröstete mich meine Mutter, so gut es ging. Endlich hatten wir die Grenze erreicht. Sie bestand damals noch aus einem schmalen, aber nicht zu übersehenden Graben, der künstlich das Gelände zerschnitt. Den mussten wir überqueren, um »in den Westen«, das heißt. die britische Zone (Niedersachsen) zu gelangen. Aber wie? Vier »Gepäckstücke« hatte meine Mutter über den Graben zu befördern: uns beiden Kinder, den Sportwagen und den Rucksack. Was zuerst? Meine Mutter trug Ilse über den Graben, ich sprang selbst herüber. Dann holte sie den Sportwagen mit dem Rucksack darin, der ziemlich leer war. Geschafft! Wir wanderten bis zum nächsten Ort mit einer Bahnstation. Westgeld trug meine Mutter in einem Brustbeutel. Tante Hete hatte sie damit versorgt. So dicht an der Grenze hatte sie ihre Kanäle.

Abends holte uns Onkel Carl mit der Kutsche vom Bahnhof in Baddeckenstedt ab. Das war für mich ein Höhepunkt des Tages, natürlich auch das Wiedersehen mit unserem Vater. Dort blieben wir ein paar Tage. Tante Magda sorgte für uns. Wir spielten mit den Cousinen. Morgens versammelten wir uns vor dem Küchenschrank. Tante Magda stand davor, mit einer riesigen Flasche Lebertran und sechs Löffeln in der Hand. »Wer will zuerst?« fragte sie. »Ich!« rief ich, »weil ich es dann zuerst hinter mir habe.« Tante Magda wollte uns auch für die Zeit nach unserer Rückkehr versorgen. So öffnete sie kurz vor unserer Abreise eine große Holzkiste in der Küche. Heraus flatterte ein kräftiger weißer Hahn mit einem roten Bändchen und einer Ringelblume um den Hals. »Der ist für euch!« sagte sie. »O nein«, riefen wir beide, wenn auch aus unterschiedlichen Gründen. Mutti fürchtete den Transport von Frischfleisch ohne Kühlung im Rucksack, ich eine unendliche Serie von Hühnerbraten, Hühnersuppe, Hühnerfrikassee, was ich absolut nicht mochte! So kam der Hahn noch einmal mit dem Leben davon und kehrte glücklich zu seiner Hühnerschar zurück. Statt dessen gab uns Tante Magda einige Dosen vom letzten Schlachtefest und Sirup mit. Den liebten wir sehr. Der schwere Rucksack lastete auf den Schultern und dem Rücken meiner Mutter. Irgendwie gelangten wir wieder heil nach Wittenberg.

Belastend freilich war die Situation der Trennung, die in absehbarer Zeit überwunden werden sollte. Sicher haben die Eltern, wenn wir schliefen, manches miteinander besprochen. Unter den Augen von Herrn und Frau Horch konnte nichts geschehen. Schließlich wollten wir auch wenigstens einen Teil unserer alten Möbel retten. Es musste ein Umweg gemacht werden, über das Elternhaus meiner Mutter in Großenhain. Der nächste Umzug stand damit ins Haus: unsere Flucht in den Westen.

1949: Flucht aus der Sowjetzone

Bad Staffelstein, den 13. August 2008
(Tag des Mauerbaus in Berlin 1961)

Heute vor 47 Jahren wurde die Mauer zwischen Deutschland und Deutschland errichtet. (Noch am 15. Juni hatte Walter Ulbricht versichert, so etwas werde nie geschehen.) Mit dem Bau der Mauer wurde der Fluchtweg abgeriegelt, den viele benutzt hatten, um die DDR zu verlassen, so auch wir im Juli 1949, wenige Wochen, bevor die DDR proklamiert wurde.

Unser Aufbruch in den Westen kam schneller, als wir ursprünglich geplant hatten. Tante Magda in Großelbe war plötzlich an einer Embolie gestorben. Zurück blieben ihr Mann und fünf Kinder. Vater lebte mit in diesem Haushalt. Das war unter diesen Umständen nicht mehr möglich. Außerdem wurden gerade drei winzige Zimmer im Hause meines Onkels für uns frei. Wir mussten also aufbrechen, in den Westen, und zwar so bald wie möglich, in den Julitagen, noch vor den Sommerferien. Auf meine Verschwiegenheit konnte man sich verlassen: Hatte ich doch nicht einmal zu Hause etwas von den Fluchtplänen von Agnes und ihrer Mutter erzählt, bis sie weg waren. So nahm meine Mutter eines Tages meinen Rucksack, legte unten etwas Wäsche hinein und sagte: »Nimm mit, was du tragen kannst!« Ich wusste Bescheid: Morgen würden wir uns auf den Weg machen, es war soweit! Morgen würde ich nicht mehr in die Schule gehen, würde fehlen – ohne Entschuldigung – auch am übernächsten Tag. »Die sind wohl auch in den Westen gegangen!« würde man sagen, mit einem Unterton der Verachtung. Kein Abschied von meiner Klasse, kein

Abschied von Annegret, meiner Freundin, von der Kindergottesdienstgruppe und der Marienkirche. Opa blieb hier. Ich würde ihn sehr vermissen, seine Spaziergänge mit mir auf den Kupferberg. Mir war zum Weinen zumute, doch dafür blieb keine Zeit. Es hätte es allen noch schwerer gemacht. Fieberhaft überlegte ich, was ich mitnehmen wollte oder konnte. Vieles musste ich zurücklassen: die schönen Puppenstuben, die Küche, mit der meine Mutter schon gespielt hatte, meinen Stabilbaukasten mit den Teilen aus Metall. Ich packte meinen Teddy Karli ein, der mich immer in den Luftschutzkeller begleitet hatte, einen Hasen, den meine Mutter genäht hatte und mit dem heute meine Großnichte Luise spielt, meine Blockflöte und eine Flötenschule in der richtigen Annahme, dass ich mir das Flötenspielen wohl selbst beibringen musste. Die Puppen Inge und Sabine, beides Puppen mit Porzellanköpfen, nahm ich wie Kinder auf den Schoß: Sabine für Ilse, wenn sie größer war, Inge für mich. Am nächsten Tag starteten wir morgens um fünf Uhr mit viel Gepäck. Ich rief: »Auf Wiedersehen!« »Bist du still!« flüsterte entsetzt meine Mutter. Auf dem Weg zum Berliner Bahnhof verlor das Leiterwägelchen ein Rad, mit dem uns unsere Verwandten begleiteten. Zum Glück erreichten wir doch noch den Zug nach Berlin. Damals war es noch möglich, in Berlin mit der S-Bahn von Ost nach West zu fahren. Man durfte nur nicht – etwa durch zu viel Gepäck – auffallen. Dann wurde man herausgeholt. Mit ernster Miene fuhr ich mit Mutti gen Westen. Noch ein Halt im Osten: Friedrichstraße. Die Grenzer standen an der Bahnsteigkante und blickten durch die Fenster. Mir klopfte das Herz bis zum Halse. »Nur nicht auffallen!« dachte ich, blickte gerade aus, um jedem Blickkontakt auszuweichen. Da, endlich, der Zug fuhr an, die

Grenzer blieben zurück. Ein Stein fiel mir vom Herzen: Wir waren im Westen, in Freiheit! – Man musste nach dem Grenzübertritt zehn Tage in Berlin bleiben, um von einer Militärmaschine nach Westdeutschland ausgeflogen zu werden. Die meisten mussten die Zeit in einem Flüchtlingslager verbringen. Mutti hatte eine Großtante in Berlin-Zehlendorf, bei der wir bleiben und uns etwas erholen konnten. Die britische Militärmaschine, die uns nach Hannover ausflog, war grün. Ein Rückflugticket gab es nicht bei meinem ersten Flug in meinem Leben. In unserer neuen Umgebung würden wir ganz von vorne anfangen müssen. – Mit dem Zug ging es nach Baddeckenstedt, wo uns Onkel Carl mit seiner Kutsche erwartete. Er begrüßte uns und fragte:» Wen soll ich jetzt mitnehmen, euch oder euer Gepäck?«

1969: per Bahn

Wir waren erwachsen geworden, die deutsch-deutsche Grenze auch. Spätestens seit dem Bau der Mauer am 13. August 1961 wurde es lebensgefährlich, sie aus eigener Kraft zu überwinden. Es blieb also nur der Weg der Instanzen. Das war ein bürokratischer Hindernislauf, der spätestens sechs Wochen vor der geplanten Reise von West nach Ost begann. Außerdem gab es noch einschränkende Bedingungen:

Der Antragsteller musste mit dem Gastgeber verwandt sein.

Er durfte den Landkreis, in dem der Gastgeber lebte, nicht verlassen.

So bemühte sich die DDR, die Zahl der Antragsteller möglichst gering zu halten, um die totale Kontrolle über sie zu behalten. Rentner durften von Ost nach West reisen. Blieben sie »drüben«, war das volkswirtschaftlich kein Schaden.

Im Oktober 1969, in der Zeit eisigster Eiszeit im Kalten Krieg, erreichten mich Bitten von zwei Freundinnen aus der DDR, bei ihren Kindern Patin zu werden. Renate hatte in Wittenberg einen jungen Theologen geheiratet, der eine Gemeinde in Thüringen betreute. Hanna, ihr ältestes Kind, wurde, obwohl ich Patin war, in meiner Abwesenheit getauft. Jemand musste mich vertreten. Wir waren ja nicht verwandt. Lügen und mich zur Cousine machen, das wollten wir alle nicht. Renates Mann als Pfarrer stand sicher unter der Beobachtung der STASI. Wenn die Lüge aufflog, wäre seine Stellung durch meinen Besuch schwierig geworden. Für mich hätte es bedeutet, dass ich nie wieder ein Einreisevisum in die DDR bekommen hätte. Das wollte ich nicht riskieren.

Bei Annegret lag die Sache schwieriger. Sie, eine Pastorentochter, hatte einen Kommunisten geheiratet, Studienfächer: Sport und Geschichte. Er und seine Familie standen der Kirche eher fern, doch hatten sie Annegret das Zugeständnis der Taufe des kleinen Michael gemacht. Ich hatte meine Zusage als Patin an die Bedingung geknüpft, dass mit mir eine etwa gleichaltrige Patin (oder ein Pate) da sein sollte, da ich wegen der Grenze vom Westen aus wenig Möglichkeiten gehabt hätte, im Ernstfall einzugreifen. So wurde mit mir Hildegard, eine andere Freundin von Annegret, Patin, die in der DDR lebte. Schon damals war es schwer, Paten zu finden: Für sie war Michael das elfte Patenkind. Bei dieser Taufe wollte ich unbedingt anwesend sein, koste es, was es wolle! Und der Preis war hoch!

Zuerst musste jemand gefunden werden, der für mich den Antrag stellte. Das wäre Tante Ella gewesen, die noch in Großenhain lebte. Aber sie fand einen Grund zur Absage. Also blieb als räumlich nächste Tante Jo in Bautzen. Das war allerdings ein anderer Landkreis und damit ein Risiko.

Einen nagelneuen Pass hatte mir die Marburger Behörde ausgestellt, wo ich damals polizeilich gemeldet war. Ende Oktober setzte ich mich wohlgemut in den Zug in Richtung Bautzen. In Guxhagen trennen sich die Wege: Der Zug nach Westen fuhr in Richtung Frankfurt weiter, der Zug nach Osten in Richtung Bebra, der Grenzstation im Westen. Dort wurden wir eigentlich schon auf dem Bahnsteig abgegrenzt: ein eisernes Gatter – Abbild des Eisernen Vorhangs – trennte die Reisenden, die in den Zug von Gerstungen nach Erfurt stiegen, von den übrigen. Der Zug setzte sich in Bewegung. Bald merkten wir, dass wir im Osten waren: an einer bestimmten Art von Beton- und Plattenbauten, an mausgrauen, verfallenden Häusern. Noch einmal kamen wir durch eine West-Enklave mit frisch getünchten Fachwerkhäusern. Hier wäre die letzte Gelegenheit gewesen, die Notbremse zu ziehen, um im Westen auszusteigen. – Der Zug fuhr weiter und hielt: Gerstungen, Grenzbahnhof der DDR. Von draußen stürzte sich eine Meute von Uniformierten auf den Zug. Zuerst wurde er nach »westlichen Druckerzeugnissen« durchkämmt: Von der »Bild«-Zeitung bis zu Burdas Strickheften wurde alles eingesammelt und in einen riesigen Briefkasten geworfen, der auf dem Bahnsteig hing. Wer mochte den Schlüssel dazu haben? Sicher saßen die Grenzer abends nach Dienstschluss in der

Wachstube und studierten die »Druckerzeugnisse« eifrig. – Die Abteiltür öffnete sich. Ein Uniformierter stand im Rahmen: »Passkontrolle!« Wir reichten unsere Pässe. Bei meinem stutzte er. »Was ist?« fragte ich ängstlich. »Der Pass ist neu.« »Nehmen Sie Ihre Sachen und steigen Sie aus!« befahl er. Angstvoll befolgte ich seine Anordnung, und er begleitete mich zu einer Baracke. Auf meinem Pass fehlte ein Stempel, der das Bild mit dem Pass verbinden muss. Man behandelte mich wie jemanden ohne jedes Reisedokument. Ich wurde verhört. Dann musste ich ein Passfoto machen lassen und bekam einen Interimspass, der mich eine saftige Strafgebühr kostete. Ich durfte nun gehen. Gerade schaffte ich es noch, direkt hinter der Lok in den Zug zu springen, der schon anfuhr. Nun saß ich da, ganz außer Atem, vor allem aber mit zu wenig Geld, um die nötige Menge für den Pflichtumtausch zu haben. Mein Geld würde für den Tauftag nicht mehr reichen. So verkaufte ich meine Mitbringsel an Mitreisende, die mir aus Mitgefühl zu der nötigen Summe verhalfen. So etwas konnte ja jeden treffen! Ganz erschöpft kam ich abends bei Tante Jo in Bautzen an. Ich blieb bei ihr ein paar Tage bis zur Taufe.

Am 31. 10., dem Reformationstag, setzte ich mich morgens um fünf Uhr in den Arbeiterbus, um nach Großenhain zu fahren. Die Fahrt führte in einen anderen Landkreis, war also illegal. Ich hielt meine Blicke gesenkt, um nicht aufzufallen. »Ein feste Burg ist unser Gott!«[15] dachte ich. »Heute ist Reformationsfest.« Was würde ich bei meinem Wiedersehen mit Großenhain empfinden, nach 20 Jahren? – Nach unserer Flucht hatte

---

15 EKG Nr. 362, ein Kirchenlied von Martin Luther, das in den Gottesdiensten am Reformationstag gesungen wird.

ich immer wieder geträumt, ich wolle in die Marienkirche hinein, doch alle Türen waren verschlossen. Heute standen sie mir offen – als Patin! – Da tauchte der Turm der Marienkirche auf. Er beherrschte die Ebene von weitem. Endlich hielt der Bus im Stadtzentrum. Ich stieg aus, lief in Richtung Marienkirche und traf – Tante Ella! »Was machst du denn hier?« fragte sie verwundert. Ich schwieg. »Hast du denn eine Genehmigung?« drang sie in mich. Ich wollte mich auf eine weitere Unterhaltung mit ihr nicht einlassen. Wer weiß, was ihr noch eingefallen wäre. »Ich habe sie halt!« erwiderte ich, grüßte knapp und eilte mit langen Schritten davon. Einen kurzen Blick warf ich dabei noch auf das Großelternhaus gegenüber der Marienkirche. Es schien geschrumpft zu sein. Wie hatten darin meine Großeltern mit fünf Kindern und einem Hausmädchen leben können? So unscheinbar sah es aus, mausgrau, ein Stück verlorenes Kindheitsparadies! – Annegret und ihre Eltern freuten sich sehr über mein Kommen. Auch die anderen Verwandten, die ich nicht kannte, waren schon da. Die Urgroßmutter väterlicherseits trug die Taufkerze, weil sie in ihrer Familie mit dem Ablauf der Tauffeier am besten vertraut war. Mittags gingen wir in den »Ratskeller« zum Essen. Am Nebentisch speiste die diensthabende Volkspolizei. Mir schmeckte das Mittagessen wie Stroh, und ich verhielt mich sehr schweigsam. Der Kaffeetisch zu Hause war gemütlicher: mit selbstgebackenem Kuchen. Die Tischkarten waren mit winzigen Taufkerzen geschmückt. Christen und Kommunisten saßen friedlich vereint beieinander. Annegrets Mutter sah, dass alles im Gleichgewicht blieb und dass vor allem keine verfänglichen Fragen an mich gestellt wurden. Ich war aus Bautzen gekommen. Punktum. Ich brach auf. Man begleitete mich noch zum Bus. Die

Glocken läuteten zum Reformationstag: Der Gottesdienst würde abends stattfinden. Mir läuteten sie zum Abschied. Ich hatte mich für die Rückfahrt im Bus umgezogen. Spät abends war ich wieder in Bautzen bei Tante Jo. Sie hatte mir noch eine Blumenkohlsuppe aufgewärmt. Plötzlich klingelte es Sturm! Mein Löffel fiel – patsch – in die Suppe: ein eisiger Schreck! Hatte mich doch jemand angezeigt? Wenn ich nun, mit einem Interimspass, bei einer illegalen Handlung ertappt worden war? Ich sah mich schon die Nacht mit einem Verhör in der Polizeistation verbringen. Tante Jo blieb gelassen und sagte: »Wollen wir doch erst mal sehen, was los ist.« Sie nahm ihren Krückstock und humpelte fünf Stockwerke nach unten. Das brauchte seine Zeit. Mir schien es wie eine Ewigkeit. Endlich tauchte sie auf und lachte: »Das waren Soldaten von der NVA, die heute ihren letzten Diensttag hatten. Sie haben im Vollrausch eine Klingeltour gemacht.« Ich atmete erleichtert auf und ging zu Bett. Am nächsten Tag wollte ich meine Rückreise antreten.

Schon gleich bei meiner Ankunft in Bautzen hatte ich an meine Freundin Renate in Thüringen geschrieben in der Hoffnung, dass der Briefverkehr innerhalb der DDR nicht so streng kontrolliert wurde wie der grenzüberschreitende:

»Liebe Renate!
Bei meiner Heimfahrt von Bautzen komme ich über Erfurt und habe dort elf Minuten Aufenthalt. Soweit ich weiß, hast Du eine Schwägerin in Erfurt. Könntest Du nicht einen Besuch bei ihr mit einem Wiedersehen mit mir nach 21 Jahren auf dem Bahnhof verbinden? Es wäre zu schön, wenn wir uns nach so langer Trennung

wenigstens kurz sehen könnten! Damit keine unnötige Zeit mit Suchen verloren wird: Ich sitze im Kurswagen Warschau – Paris.

Liebe Grüße an Dich und die Deinen!

Deine Anna«

Nun war ich gespannt. Wir fuhren in den Bahnhof von Erfurt ein. Ich blickte aus dem Fenster, den Bahnsteig entlang. Sie war da! Renate – unverkennbar nach den vielen Jahren! Auch sie steuerte auf meinen Waggon zu. Ich stieg aus, und wir fielen uns in die Arme. Es gibt eine Freude, die sich nicht beschreiben lässt! 21 Jahre! Was hatten sie aus uns gemacht? Eine Ärztin, einen halben Kopf kleiner als ich, und eine Lehrerin. An unserer Freundschaft hatten sie nicht rütteln können. Das spürten wir sofort. Renate war nicht allein gekommen: Ich lernte ihren Mann kennen. Mit keinem Mann habe ich mich so schnell geduzt. Und daneben stand der Kinderwagen mit Hanna, meinem Patenkind! Auf sie sprang die Freude der Erwachsenen über und sie lachte mich an. – Leider waren diese kostbaren Minuten schnell vorüber. Ich musste einsteigen. Der Zug fuhr ab. Wie lange würde die nächste Trennung dauern?

In Eisenach war der letzte Halt vor der Grenzstation Gerstungen. Per Lautsprecher wurden alle Bürger der DDR ohne Übertrittsgenehmigung aufgefordert, den Zug zu verlassen. Es wurde still in den Abteilen. Ich überlegte, ob ich mit dem »Neuen Deutschland« oder mit Schillers »Räubern« unauffälliger sei. Der Zug hielt in Gerstungen. Wieder stürzte sich eine Schar Uniformierter auf unseren Zug, begleitet von einer Meute gut trainierter Spürhunde, die eventuelle Republikflüchtige auffinden sollten. 45 Minuten waren eingeplant, um den

Zug gründlich zu inspizieren. Wir mussten die Abteile verlassen, damit die Räume unter den Sitzen kontrolliert werden konnten. Die Decken der Abteile wurden auf- und zugeschraubt, die Toiletten kontrolliert. Unsere Zollerklärungen, Reisedokumente mit Visum und sonstigen nötigen Stempeln – alles wurde haarklein überprüft. Endlich fuhr der Zug ab, in Richtung Westen! Die Gespräche in den Abteilen kamen wieder in Gang, Leute holten ihre Butterbrote aus den Taschen und aßen. Das Leben begann wieder.

In Marburg ging ich am Tag danach zum Rathaus. »In meinem Pass fehlt ein Stempel!« sagte ich. Der Beamte blätterte lässig in meinem Pass und drückte den Stempel an die entsprechende Stelle. »Kann ja mal vorkommen«, brummte er. »Ich habe viel Ärger damit gehabt!« erwiderte ich.

Nach 1972 (Grundvertrag): mit dem Auto

STOP – AND – GO

Die Zeit war vorangeschritten. Die Teilung Deutschlands auch, obwohl Festredner des 17. Juni immer wieder das Gegenteil behaupteten. Trotzdem: Die meisten hatten sich mit der Teilung abgefunden. Andererseits zeigte sich ein gewisser Pragmatismus: Beide deutsche Staaten waren vernünftiger geworden. So schloss man 1972 einen Grundvertrag unter Willy Brandt, der den deutsch-deutschen Reiseverkehr erleichterte. Von nun an durften auch Nicht-Verwandte einander besuchen, Kreisgrenzen durften überschritten werden, vorausgesetzt, man hielt die entsprechenden Spielregeln ein. Die waren nicht viel anders als vorher. Doch sie erleichterten eine neue Möglichkeit: den Besuch mit dem Auto. Das war nicht zu unterschätzen! Konnte man mit der Bahn allenfalls ein unliebsames Buch hinüber schmuggeln (habe ich gemacht!), was eiserne Nerven bei der Zollkontrolle voraussetzte, so gab es mit dem Auto fast unendlich viele Möglichkeiten, seine Lieben in der DDR manchen ungewöhnlichen Wunsch zu erfüllen, vorausgesetzt, er war erlaubt.

Dazu vorher ein paar Worte zu der Versorgungslage in der DDR. In den ersten Jahren passierten unzählige Päckchen die Grenze, die dem elementaren Mangel an Lebensmitteln Rechnung trugen. Bohnenkaffee musste immer dabei sein – nicht mehr als ein Pfund, sonst riskierte man, dass das Päckchen nicht ankam. Von den begehrten Strumpfhosen war eine erlaubt. Zwei galten als »Handelsware«. (Man bedenke die Aufschrift jedes Päckchens: »Geschenksendung, keine Handelsware!«) Dann verschwand das Päckchen. (Ich wüsste gern, wer dann in den Genuss der zwei Strumpfhosen kam!) Es sind sicher Millionen von Päckchen in die Sowjetzone oder in die DDR gegangen, Milliarden von DM. Niemand hat sie gezählt. Dabei ging es vielen Absendern wie uns auch nicht gerade glänzend! Die elementare Versorgung wurde drüben mit der Zeit besser. Dennoch galt:

In der DDR gab es prinzipiell alles, nur

nicht für jeden,

nicht immer,

nicht überall,

nicht dann, wenn man es brauchte.

So konnte es durchaus sinnvoll sein, sich im August mit Papiertaschentüchern einzudecken, wenn sie gerade

Grenzgänge: Nach 1972 mit dem Auto

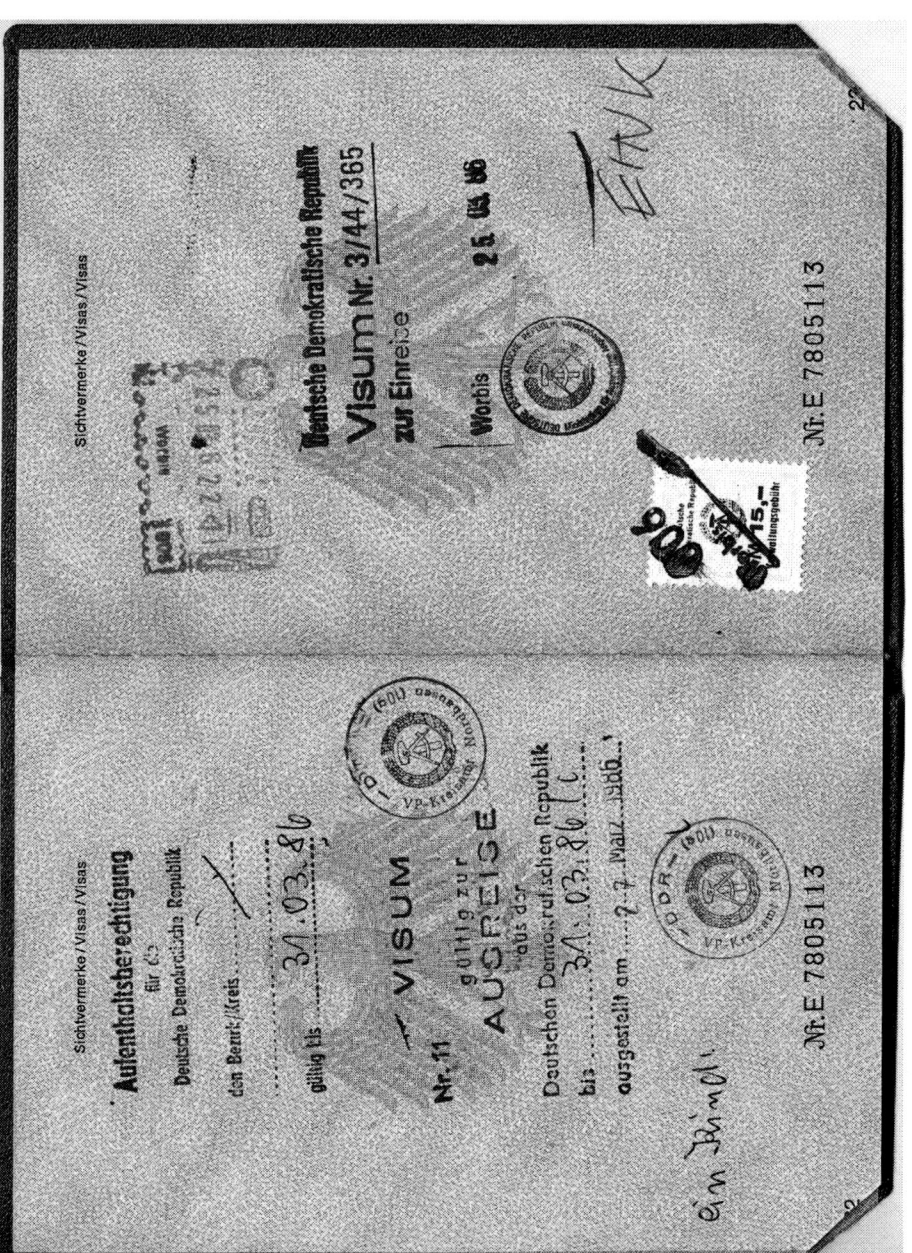

STAATSBANK
der Deutschen Demokratischen Republik

Ankauf Empfangsbescheinigung

von Herrn/Frau/Frl./Familie _____

Mindestumtausch

| Nr | Erwachsene | 9 | Tage = Mark | 150,- |
| Nr | Jugendliche | 6 | Tage = Mark | 45,- |

Paß-/PA-Nr. **E 780 5773**   Ort/Land **BKO**

E 984665

Währungsbezeichnung/RS-Nr.	Währungs-Betrag	Kurs	Mark
DM	-195,-	-,-	-195,-
		Spesen	
		Mark	-195,-

Markbetrag erhalten:

Einundneunzig hundert fünf Mark

von Schönberg   _15.4.87_   _Unterschrift und Stempel der Bank_
Unterschrift des Reisenden   Datum

ERKLÄRUNG *
über mitgeführte Gegenstände und Zahlungsmittel

Inhaber des Personaldokumentes Nr. E 78 05113

In die DDR eingeführte Zahlungsmittel

Währung	Betrag in Ziffern				
DM	5	0	2	6	1
1 Scheck					

Zum Verbleib in der DDR bestimmte Gegenstände:

Bezeichnung	Anzahl/Menge
Kaffee	1100 g
Waschpulver	3 kg
Putzlappen	2 Packungen
Waschbecken	1
Osterpackungen	3
Salzgebäck	6
Überraschungseier	8
Spülmittel	2 Flaschen
Orangen	1 Netz

15. 4. 87   Brita von Schönberg
Datum   **Unterschrift des Reisenden**

Hefe, Tortenguß   3 Päckchen

* Zur Vorlage bei den Zollorganen der DDR
(Bitte vor dem Grenzübergang ausfüllen)

Bitte wenden!

Bei der Ausreise mitgeführte Zahlungsmittel

Währung	Betrag in Ziffern				
DM	2	9	2	6	1
1 Scheck					

In der DDR als Geschenk erhaltene oder durch Kauf erw bene Gegenstände:

Bezeichnung	Anzahl/Menge
Schallplatten	4
Buch	1
Pralinen (klein)	2 Packungen
Bonbons	5 "
Baumkuchen	2
Creme	2

_20. 4. 87_
Datum

Brite von Schön
Unterschrift des Reisenden

ZV 256   VV Halle Ag 309/85/18032, 256 2.000,0 1./85 (12253)   III/4/14 in den Läden angeboten wurden, anstatt bis Dezember zu warten, wenn sie ausverkauft waren. Denn:

Kaufe in der Zeit,

dann hast du in der Not!

Bloß gab es da natürlich auch Regeln: Die Mitbringsel mussten den Charakter von Geschenken haben. Da gab es durchaus Grenzfälle, zum Beispiel: Ist Waschpulver ein Geschenk? Nach konventionellen Vorstellungen: nein! Für die Hausfrauen in der DDR, zum Beispiel meine Freundin: ja! Wusch doch das landeseigene die Wäsche bestenfalls hellgrau. Baumaterialien wurden immer begehrter: ein Waschbecken, ein WC? Schien als Geschenk abartig zu sein, war aber unendlich wertvoll: entweder für den Eigenbedarf oder als Tauschobjekt. Hatte doch das Nachbarhaus meiner Freundin monatelang nicht bezogen werden können, weil dergleichen fehlte! Weltanschauliche Unterschiede, wie zum Beispiel zwischen einem Pfarrer und einem Zeugen Jehovas, spielten da keine Rolle. Solche nützlichen Dinge habe ich als »Geschenke« mit meinem Käfer in die DDR eingeschleust. Solange man nicht die Begehrlichkeit der Kontrollierenden weckte, kam man damit durch. Hatte doch der 17. Juni 1953 gezeigt, wie wichtig eine halbwegs positive Grundstimmung unter der Bevölkerung war. Armaturen (sehr begehrt!) habe ich zerlegt: einen Teil als Päckchen geschickt, den anderen Teil im Auto mitgenommen. Wer immer sich einen Teil aneignete, dem fehlte der andere. Es gab noch andere »Grenzfälle«: reichliche Mengen von Südfrüchten, Schokolade oder – Klopapier. Das in der DDR hatte die Qualität von Schmirgelpapier, was unseres sehr begehrt machte. Da half nur die Klausel »Eigenbedarf«. Grenzen der Wahrhaftigkeit waren da fließend: Die Menge solcher Mitbringsel wurde dann entscheidend. Natürlich waren unerwünschte Druckerzeugnisse verboten. Schon meine Noten von Telemann (herausgegeben in Leipzig!) erweckten Argwohn, weil ich sie als Druckerzeugnisse nicht angegeben hatte. Auch Tonträger aller Art waren tabu. Das mussten alle bedenken, die einen Kassettenrekorder im Auto hatten. Dem Klassenfeind keine Chance, sich einzuschleichen! Man sieht, es gehörte allerhand Grips dazu, ein Auto für eine Reise in die DDR zu packen.

Wichtig war es, vor der Grenze – für mich in Duderstadt – noch einmal voll zu tanken. Denn selbst mein Käfer schluckte auf den Straßen der DDR so viel Sprit wie ein Panzer. Dabei zahlten wir doch Straßenbenutzungsgebühren! Tankstellen gab es in der DDR nur wenige, und die hatten am Wochenende geschlossen. So hätte ich am Osterwochenende von Bleicherode bis zur Autobahnraststätte Weimar (etwa 100 Kilometer) fahren müssen, um meinen Tank zu füllen, wenn das Benzin bis dahin noch gereicht hätte!

Die Reise zu Renate war traditionell auf Ostern festgesetzt. Da dieses Fest früher oder später liegen konnte, waren die Wetterbedingungen höchst unterschiedlich, besonders im Harz. Ich erinnere mich, dass wir einmal auf der westdeutschen Seite dichtgedrängt auf einem Parkplatz sechs Stunden bei einem Schneesturm ausharren mussten. Es gab kein Zurück mehr. Irgendwann tauchten Fahrzeuge der Bundeswehr auf und versorgten uns mit Würstchen und heißem Pfefferminztee. Ich hatte zum Glück eine Wolldecke bei mir. Doch mir taten die Familien mit kleinen Kindern leid.

Seit einiger Zeit hatte ich auch ein Kind mit im Auto. Meine Nichte Dorothee war eine unerschrockene Begleiterin. Sie hatte sich mit den Kindern meiner Freundin

Renate angefreundet. So ging diese Freundschaft in die nächste Generation. Gut gerüstet mit Papieren und Mitbringseln machten wir uns auf den Weg: Göttingen – Duderstadt. Dann wurde es ernst. Wir fuhren in den Grenzbereich ein. Die erste Kontrolle, noch auf westdeutscher Seite, ein grün uniformierter Beamter überprüfte unsere Papiere: Pass, Fahrzeugschein, Führerschein. Alles sollte in Ordnung sein. Dass solche Kontrollen durchaus sinnvoll waren, hatte sich ja bei meiner Bahnfahrt mit dem unvollständigen Pass gezeigt. Dann öffnete sich die Sperre. Wir fuhren ins Niemandsland, eine unheimliche Landschaft: kein Baum, kein Strauch, die Erde sauber geeggt. Jeder Fußabdruck wäre sichtbar gewesen. Dieser Streifen war gut mit Minen bestückt. Selbst Füchse und Hasen wussten inzwischen Bescheid und mieden das Gelände.

Dann kam uns der ostdeutsche Grenzer Nr. 1 entgegen, auch in Grün, aber in einer Schattierung, die sich mit der des westdeutschen biss. Wir wurden in eine Spur eingewiesen. Sie entschied darüber, ob es uns diesmal schlecht oder sehr schlecht gehen sollte. Nr. 2 beäugte unsere Pässe und unsere Gesichter: Stop and go! Da stand Nr. 3 vor einer kleinen Baracke, musterte uns kritisch, nahm uns die Pässe ab und verschwand hinter der Tür. Das war für mich der unangenehmste Augenblick: Ohne Pass war man niemand. Ohne Pass war man ausgeliefert. Ich hatte meinen mit einem grell türkisfarbenen Umschlag versehen, um ihn aus einem Stapel Pässen mit einem Blick herauszufinden. Stop and go! Wir durften ein paar Meter weiterfahren: Stop! Nr. 4 hielt uns an: Visagebühr! Auch er beäugte uns eindringlich. Dabei gab er uns den Pass zurück, versehen mit der entsprechenden Marke. Stop and go! Nicht immer ging das zügig und reibungslos. Ich hatte mir eine Typologie der Grenzer zurechtgelegt: »Lasst dicke Männer um mich sein ...« (Shakespeare) Es war etwas dran! Die waren meist umgänglicher als ihre hageren Genossen. Viele Grenzer sprachen sächsisch. Kam Nr. 5: der Zoll. »Hilfe! Eine Frau!« »Die Pockennarbige«, murmelte Dorothee dumpf. »Psst! Bist du still!« flüsterte ich. Die Zollbeamtin forderte mich auf, das Fenster zu öffnen. »Hier Zollkontrolle!« Sie musterte eingehend meine Zollerklärung. »Haben Sie Schusswaffen?« »Nein!« »Was haben Sie auf dem Rücksitz in dem Karton?« »Waschpulver. Ist auf der Zollerklärung angegeben, die haben Sie vor sich.« »Steigen Sie mal aus, nehmen Sie den Karton und kommen Sie mit!« Ich dachte: »Was hat die mit mir vor?« Ich hielt die Luft an und folgte ihr. Sie steuerte auf eine Baracke zu und hielt vor einer Tür: »Röntgen«. »Gehen Sie da rein und stellen Sie den Karton vor den Schirm!« Das Waschpulver wurde geröntgt. Nachdem sich erwiesen hatte, dass ich wirklich keine Schusswaffen in dem Karton hatte, durfte ich ihn nehmen und zum Auto zurückgehen. Dorothee blickte erleichtert. »Weiterfahren!« Nun ging es zur Wechselstube, um den Pflichtumtausch zu erledigen. Das musste vor der Anmeldung bei der örtlichen Volkspolizei geschehen sein. Theoretisch hätte ich das auch in Bleicherode tun können. Doch in kleinen Orten waren die Banken am Wochenende geschlossen. Deshalb war es sinnvoll, die Angelegenheit gleich an der Grenze zu regeln. Dort überprüfte man natürlich auch den Pass. Stop bei Kontrolleur Nr. 6 am Ende der Grenzanlage, der noch einmal einen eindringlichen Blick auf unsere Pässe, unsere Gesichter und das Wageninnere warf. Nun hatten wir freie Fahrt – aber nicht lange! Denn wir befanden uns ja noch im Sperrgebiet. Nach einigen Kilometern kam ein Schlagbaum mit Nr. 7: »Ihre Pässe, bitte!« Das war nun die letzte Kontrolle vor Bleicherode, wo wir uns innerhalb von 24 Stunden nach unserer Ankunft bei der Volkspolizei anmelden mussten. Frau Q., die sicher schon im Wartezimmer meiner Freundin gesessen hatte, gab uns freundlicherweise Ein- und Ausreisestempel gleichzeitig.

Noch waren wir auf dem Weg nach Bleicherode und machten uns Luft, lästerten, was das Zeug hielt! Plötzlich brachte ich meinen Wagen zum Stehen, und das keine Sekunde zu früh! Die Straße ging nicht mehr weiter, jedenfalls nicht auf gleicher Höhe, sondern 30 Zentimeter tiefer. Wo war hier ein Warnschild gewesen?? Ein Sonderkommando von Schutzengeln musste uns vor dieser Falle bewahrt haben. Etwas blass um die Nase wendete ich meinen roten Käfer und wir fuhren in einem sehr gemäßigten Tempo weiter, denn der Schreck steckte uns noch in den Gliedern. Das war auch ratsam, schon wegen der vielen 30-km-Geschwindigkeitsbegrenzungsschilder. Dorothee meinte: »Die müssen dafür eine extra Fabrik haben!« Geschwindigkeitsüberschreitungen wurden drakonisch mit Bußgeldern geahndet (natürlich in Westwährung und damit gab es eine weitere Einnahmequelle!). Die Versuchung, zu schnell zu fahren, war ohnehin nicht groß: Schlagloch reihte sich an Schlagloch. Wich man dem einen aus, geriet man in das nächste. Die Stoßdämpfer seufzten, man hoppelte über die Straßen. Nur der Trabbi war diesen Verhältnissen gewachsen!

Endlich waren wir angelangt: freudiger Empfang bei Renate! »Ich habe dir heute etwas ganz Besonderes mitgebracht: Waschpulver, frisch vom Röntgenschirm, würdig für das Haus einer Ärztin!« Und alle lachten schallend.

»Wechselbad« Schule

Ost

Lutherstadt Wittenberg (1946–1948)

Mein Weg ins Schulleben war mit Stolpersteinen gepflastert. Der erste: meine Anmeldung. Meine Mutter ging mit mir in das Sekretariat meiner künftigen Schule, um mich für die 1. Klasse anzumelden. Die Sekretärin, eine Dame mittleren Alters mit einer starken Brille, nahm die Personalien auf: Name, Vorname, Geburtstag, Anschrift, Namen und Berufe der Eltern. Das war der Haken. Sie sah uns streng an und sagte: »Ihr Kind wird niemals eine Oberschule besuchen.« Ich dachte: » Warum nicht?« Meine Mutter schwieg, aber sie wusste Bescheid: Wir gehörten zu der verhassten Klasse der »Junker«. Der Name mit dem »von« sagte es. Der Beruf meines Vaters »Offizier« war auch nicht gerade eine Empfehlung. Damit war ich für jede höhere Bildung disqualifiziert, bevor ich die Schule überhaupt angefangen hatte. (Meine Mutter ließ diese Dinge nicht auf sich beruhen.) Auch das wurde ein Grund, in den Westen zu fliehen.

Der zweite Stolperstein war meine Diphtherie-Erkrankung kurz vor Schulbeginn. So kam ich erst mit einiger Verspätung in die Schule und habe eine feierliche Einschulung gar nicht erlebt. Eine Zuckertüte wollte ich trotzdem haben, unbedingt! »Anna«, sagte meine Mutter, »die Schule hat doch längst angefangen. Es gibt keine Zuckertüten mehr zu kaufen.« »Ach Mutti, bitte!« flehte ich. Meine Mutter fand für das Problem eine Lösung: Sie

lieh sich von Sigrun, einer Klassenkameradin, die Zuckertüte aus. Nun musste sie nur noch gefüllt werden. »Müssen es Bonbons sein?« fragte meine Mutter. »Wieso?«
erwiderte ich. »Wenn ich Bonbons für deine Zuckertüte
kaufe, muss ich Zuckermarken abgeben«, antwortete
meine Mutter. »Dann will ich keine«, entschied ich. Und
so wurde die Zuckertüte mit Holzspielzeug gefüllt. Das
war doch eigentlich viel besser!

Wir waren der erste Jahrgang, der nach dem Krieg
regulär eingeschult wurde. Lehrer waren knapp. Viele
waren im Krieg gefallen oder vermisst. Manche waren,
wie mein Vater, in Kriegsgefangenschaft. Andere waren
entnazifiziert, das heißt, sie durften nicht mehr unterrichten. Für uns Erstklässler hatte man Fräulein Z. aus
dem Ruhestand zurückgeholt, eine zierliche alte Dame
mit weißen Löckchen, Anhängerin von Rudolf Steiner,
wie ich später erfuhr. Wir waren eine Klasse mit 53 Kindern, alle vom Krieg traumatisiert: Manche waren ausgebombt oder geflüchtet, viele hatten keinen Vater mehr.
Manche hatte das Unglück des Krieges gleich mehrfach
getroffen. Eine Mitschülerin – Vera – war schon 14 Jahre
alt und war in unsere Klasse gekommen, weil sie Deutsch
lernen sollte. Mit dieser verstörten Kinderschar musste
unsere Lehrerin den Weg in die Normalität zurück finden. Sie tat es auf bewundernswürdige Weise. So machte
sie mit uns Bewegungsspiele: »Sonne, liebe Sonne!« Un-
terrichtsmittel waren knapp: Wir hatten eine Schiefertafel, eine hölzerne Schachtel mit Griffeln und einen
Schwamm oder Lappen. An Schulbücher kann ich mich
nicht erinnern. Onkel Paul, der Bruder meiner Mutter,
hatte mir einen Schulranzen aus rötlicher Pappe mit
grünen Baumwollbändern geschenkt, in dem ich meine
Habseligkeiten barg und auf den ich sehr stolz war.

Fräulein Z. konnte aber auch streng sein. Als ein Kind eine damals unersetzliche Schiefertafel einer Mitschülerin mutwillig zerbrach, musste es in der Ecke stehen. Im 2. Halbjahr kam noch ein 54. Kind in die Klasse: Renate, meine Freundin. Wir haben uns sofort gefunden und nie wieder verloren, trotz widriger Umstände.

Religionsunterricht gab es schon 1946 nicht mehr in der Schule, sondern auf freiwilliger Basis am Nachmittag. Ihn erteilte Schwester Lieselotte, eine Diakonisse. Wir sangen bei ihr:

»Himmels Au,

licht und blau,

wie viel zählst du Sternlein?

Ohne Zahl,

so viel Mal

sei gepriesen der ewige Gott!« (EKG Nr. 507)

Auch den Religionsunterricht hatten Renate und ich gemeinsam, wie auch den Schulweg, da wir in der gleichen Straße wohnten. Das wurde für mich ein Zufluchtsort, wenn meine Mutter im Dienst war und Horchs mir zu sehr zusetzten. Mit Freundlichkeit wurde mir die Tür geöffnet, und ich war dankbar für ein Stück heile Welt.

Exkurs: »Kinderspielzeug«

Oft ging ich nach der Schule auch in den Kindergarten, in dem meine Mutter arbeitete. Ich wollte Horchs nicht ausgeliefert sein. In kleinen Dingen konnte ich meine Mutter schon unterstützen: die Trinkbecher aus Emaille austeilen, Stühle aufstellen, weinende Kinder trösten, die ihre Mama vermissten. Andererseits: So viel älter als die anderen Kinder war ich ja nicht und konnte gut mit ihnen spielen.

Besonders beliebt war ein großer Sandkasten. Mit unseren Schaufeln bearbeiteten wir ihn, um Kuchen zu backen oder Burgen zu bauen. Sehr begehrt war der weiße Sand. An ihn gelangte man, wenn man besonders tief grub. Eines Tages stieß ich dabei mit meiner Schaufel auf etwas Hartes. Ich legte es frei: Es hatte einen silbernen Schimmer. Inzwischen scharten sich die anderen Kinder um mich und guckten neugierig. Waren wir dabei, einen Schatz zu heben? Ich grub tiefer. Hervor kam ein länglicher Gegenstand. Ich grub weiter: Es gab noch mehr davon! Gespannt verfolgten die anderen Kinder mein Tun, steckten die Köpfe zusammen. Schließlich löste ich den Sand ab und zog eine ganze Kette davon heraus. Ich ließ sie in meiner Hand baumeln. Gefolgt von den anderen Kindern, rannte ich strahlend zu meiner Mutter. Die wurde kreidebleich vor Schreck, als sie meinen Fund sah: Wir hatten eine Kette Patronen, scharfe Munition, ausgegraben!

Großenhain / Sachsen (1948–1949)

Wir wollten flüchten. Das war klar. Horchs durften davon nichts merken. Also entschloss sich meine Mutter, in ihr Elternhaus nach Großenhain zu ziehen, wo mein Großvater lebte. Selbst Kommunisten konnten nichts dagegen haben, dass sich meine Mutter mehr um ihren alten Vater kümmern wollte. So zogen wir um. Schweren Herzens nahm ich Abschied von Renate, von der Katharinen-Schule mit ihrer zerschundenen Fassade – verursacht durch die Sprengung eines Bunkers gegenüber, vom Kindergarten, von Wittenberg.

In Großenhain wehte ein anderer Wind. Im Elternhaus meiner Mutter hatte sich Vetter Egon mit seiner Frau Ella eingenistet, Flüchtlinge aus Ostpreußen. Sie hatten Muttis Bruder Paul, den Erben von Großvaters Geschäft, vergrault und die absolute Herrschaft übernommen. Onkel Paul war in den Westen, dann in die Schweiz geflüchtet, wo er bessere Perspektiven sah. Auch ich mochte die beiden nicht. Bei Tisch sagte ich – mit scharfem Blick: »Onkel Egon nimmt sich immer das größte Stück.« Onkel Egon explodierte. Meine Mutter versuchte, ihn zu beschwichtigen. Ich blickte trotzig gerade aus und empfand keinerlei Reue.

Auch in der Schule war alles anders. Das Gebäude der damaligen Pestalozzi-Schule stammte aus der Kaiserzeit und hatte eine weiträumige Eingangshalle. Aber darin wehte der Geist des – Sozialismus! »Wettbewerb!« hieß das Schlagwort. Große Schaubilder zeigten in Gestalt von Säulen an, wie viel Altpapier jede Klasse gesammelt hatte. Für jedes Kilo bekam man ein Schreib- oder Rechenheft, sonst nicht. So sammelten wir fleißig, wobei man an höherer Stelle noch Entdeckungen zu machen hoffte: zum Beispiel alte Zeitungen aus der Nazi-Zeit vom Speicher oder aus dem Keller, um die Lieferanten genauer zu beobachten. – Mutti gab mir natürlich nur Papier mit, das unverfänglich war. Die Säulen wurden täglich aktualisiert. Keine Klasse wollte die letzte sein. Auch im Klassenraum herrschte eine entsprechende Atmosphäre. Jeder Tag begann mit einem Appell: Alle Namen wurden alphabetisch aufgerufen. Wir mussten aufstehen und »Hier!« rufen. Unsere Lehrerin der 3. Klasse war eine junge, forsche Parteigenossin. Neben

Lesen, Schreiben, Grammatik und Rechnen brachte sie uns auch sozialistische Manieren bei. (Für die »Jungen Pioniere« waren wir noch ein Jahr zu jung.)

»Die Partei, die Partei,
die hat immer recht ...«

trällerte ich fröhlich, als ich nach Hause kam. Meine Mutter guckte mich entgeistert an. »Was ist?« fragte ich. »Ich mag das Lied nicht«, antwortete meine Mutter. Dann erzählte ich von Hennecke, dem Aktivisten und Helden des Volkes, der zum Aufbau des Sozialismus immerfort arbeitete. Mutti schwieg eisig. »Was hast du gegen jemanden, der so fleißig ist?« fragte ich ungehalten. Mutti murmelte etwas für mich Unverständliches. Von da an beschloss ich zu schweigen. Ich hatte es ja schon in Wittenberg gelernt. Ich trennte sozusagen Dienst/Schule und Privatleben/Elternhaus. Von der Schule berichtete ich nur noch Schulisches: Noten, Hausaufgaben und so weiter. Ebenso war es tabu, die politischen Witze in der Schule zu erzählen, die ich zu Hause hörte. Es war am besten so – für alle. Das führte dazu, dass ich ein geheimes Eigenleben führte: Von Zeit zu Zeit steckte mir jemand die satirische Zeitschrift »Tarantel« zu, die ich mit Vergnügen las. Ich wusste genau, wem ich sie weitergeben konnte. Meine Mutter wusste nichts davon. Ich glaube, sie wäre sonst vor Schreck in Ohnmacht gefallen!

An meine damalige Klasse erinnere ich mich kaum – trotz der täglichen Appelle, nur an die Zwillinge, die am 30. Juni, also mit Walter Ulbricht, Geburtstag hatten. Ich erinnere mich an Agnes nebenan, die vor uns in den Westen ging. Mit ihr spielte ich manchmal, wie auch mit Annegret, der Pfarrerstochter schräg gegenüber, direkt an der Marienkirche. Ich liebte dieses Gotteshaus sehr.

Auf unserem Dachgarten lauschte ich voll Andacht den Tönen der Turmbläser, wenn sie Choräle spielten.

Bald musste ich Abschied von Großenhain nehmen. Mutti brach mit uns in den Westen auf, zu unserem Vater.

West

Großelbe / Kreis Wolfenbüttel (1949–1951)

Hier, in Großelbe, war die Familie wieder vereint, in Freiheit. Der sehnlichste Wunsch der Eltern war damit in Erfüllung gegangen. Unsere äußeren Bedingungen, unter denen wir unser neues Familienleben aufbauen mussten, waren armselig. Uns waren in dem Bauernhaus meines Onkels drei winzige Räume vermietet worden, die ineinander gingen. Zwei wiesen nach Norden, eins nach Westen auf die Front eines Hauses mit roten Ziegeln, die es gegen Witterungseinflüsse schützten. Unten war ein winziger Hof für die Enten. Unsere Wohnung war etwa 25 Quadratmeter groß. Ein Küchenherd beheizte alle Räume. Einen Wasserhahn hatten wir nicht. So mussten wir jeden Eimer Wasser aus der Küche meiner Verwandten aus dem Erdgeschoss in den ersten Stock holen und das schmutzige Wasser dorthin bringen, um es auszugießen. Wir hatten auch kein Bad und keine Toilette. Wir mussten quer über den Hof zu dem Plumpsklo neben dem Hühnerstall laufen, das auch die Landarbeiter benutzten. Für die Nacht gab es den Nachttopf. Nur hin und wieder durften wir bei unseren Verwandten baden. Wir Kinder schliefen in einem Zimmer in Feldbetten auf Strohsäcken. Ein Tischler baute uns einen

Schrank aus Holz mit Pappfüllungen, der zunächst für uns alle reichte. Später kam ein zweiter Schrank dazu. Meine Mutter hatte über den Mittellandkanal einige Möbel gerettet, zum Beispiel eine kleine weiße Truhe, in der unsere Wintersachen verstaut waren und die gleichzeitig als Nachttisch diente. Dem Biedermeier-Nähtischchen hatte sie die dünnen Beine abgesägt und sie in einem Paket, den Korpus in einem anderen in den Westen geschickt. Mit jedem Paket allein konnte niemand etwas anfangen.

Für mich bedeutete die Flucht einen weiteren Schulwechsel.

Da man damals in Westdeutschland nicht im Herbst, sondern Ostern versetzte, musste ich ein halbes Jahr überspringen. Das tat mir zum Glück nicht besonders weh, obwohl das nun schon die dritte Grundschule war. In Großelbe vereinte man jeweils zwei Klassen in einem Raum. Die eine Gruppe wurde unterrichtet, die andere still beschäftigt. So bekam man jeden Stoff zweimal mit: einmal im aktiven Unterricht und einmal, wenn man mit einem Ohr hinhörte. Mich interessierte immer stärker, was die höhere Klasse machte. Andererseits konnten schwache Schüler den Stoff zweimal geboten bekommen, ohne sitzen zu bleiben. Eine Sonderschule war auf diese Weise überflüssig. Die entsprechenden Schüler wurden im Alter von 14 Jahren aus der Schule entlassen, aus welcher Klasse auch immer. Man hatte zu meiner Zeit die Eins abgeschafft. Eine fehlerlose Arbeit erntete eine Zwei. Bei einem so großen Begabungsgefälle hätte es sonst nur Neid und Prügeleien gegeben, wenn ein Kind durch Leistungen allzu sehr herausragte. Mir war das ziemlich egal. Wenn in einer Arbeit nichts angestrichen war, dann war sie in Ordnung, ganz gleich, welche Note darauf stand. Zum Glück sahen das meine Eltern auch so. Um gute Schüler zu motivieren, gab es ein »Heft der Fleißigen«. Nach drei fehlerfreien Arbeiten hintereinander durfte man die vierte Arbeit in dieses Heft schreiben mit seinem Namen darunter. Zu oft durfte man dort auch nicht auftauchen, sonst wurde man verprügelt, meist von den Einheimischen. Auch die Mädchen konnten das, wie ich zu spüren bekam. Trotz des Überspringens hatte ich nämlich die Dorfschulkinder bald überholt, obwohl ich durchaus manches nachholen musste.

Wir hatten in unserer Doppelklasse zwei Lehrer: Kalle, einen Einheimischen, der Deutsch und Religion unterrichtete. Wenn er sich ärgerte, was mit unseren Jungen im Rüpelalter öfter passierte, wurde er puterrot und fing an zu brüllen. Der andere Lehrer, Herr P., hatte eine Dreitagesglatze und war Oberschlesier. Er war »gottgläubig«. Das ist eine Bezeichnung für Leute, die in der Nazi-Zeit aus der Kirche ausgetreten waren. Herr P. glaubte nicht an Gott. Das demonstrierte er täglich, indem er bei unserem Morgengebet die Hände auf dem Rücken verschränkte. Wenn es die Jahreszeit erlaubte, brachte er Wildkräuter mit und ließ uns sie bestimmen. Wir hatten darin viel Übung, und auch die Dümmsten konnten es. Eine andere Stärke: Mit seiner Geige brachte er uns viele Volkslieder bei, die wir auswendig und zum Teil mehrstimmig sangen, zum Beispiel Eichendorffs

»O Täler weit, o Höhen,
o schöner grüner Wald,
du meiner Lust und Wehen
andächt'ger Aufenthalt ...«
Die letzte Strophe begann:
»Bald muss ich dich verlassen,
fremd in die Fremde gehn ...«

Was mögen dabei er und wir Flüchtlinge empfunden haben?

Dieses Lied sangen wir dreistimmig. Dabei mussten uns die 7. und 8. Klasse helfen. Doch gerade ein Lied beschwor eine neue Konfliktsituation herauf. Es war Winter, kurz vor Weihnachten. Ich erzählte zu Hause: »Heute haben wir das Lied ›Klare Nacht der hellen Sterne‹ gelernt.« Mein Vater horchte auf und wurde zornig. »Was ist mit dem Lied?« fragte ich. Mir war der Text unverfänglich erschienen. Was ich nicht ahnen konnte: Es war das Weihnachtslied der Nazis gewesen. Mit denen hatte mein Vater Schwierigkeiten gehabt. Vater wollte in die Schule gehen, um sich zu beschweren. Ich flehte ihn an, es nicht zu tun, weil ich ahnte, wie diese Szene ablaufen würde, denn Herr P. war ein Choleriker. Den Schaden würde ich dann tragen müssen. Auf kommunistische Lieder war ich geeicht: Ich wusste, dass sie zu Hause unerwünscht waren. Nun kam die Bedrohung von rechts, worauf ich nicht eingestellt war. Mein Fazit: »Schweigen ist Gold, auch im freien Westen!«

Inzwischen war Ilse eingeschult worden, wie auch unsere Cousinen Elisabeth und Katrin, alle Jahrgang 1943. Ihre Locken waren dunkler geworden. Sie war ein unbekümmertes, selbstbewusstes, kleines Mädchen. Katrin, eine der beiden Cousinen, war etwas entfernter mit uns verwandt: Onkel Carl, der Schwager meiner Mutter, hatte einen Bruder gehabt, der auch Landwirt gewesen war. Er war im Krieg gefallen und hinterließ seine Frau mit vier kleinen Kindern, die in Mecklenburg lebten. Es war für sie nicht möglich, die vier Kinder zu ernähren. So entschloss sie sich schweren Herzens, Katrin, ihre Jüngste, ihrer Schwägerin Wine in Großelbe zu übergeben, die auch ihren Mann im Krieg verloren hatte und kinderlos war. Tante Wine nahm Katrin liebevoll wie eine Mutter auf. Und doch blieb die Trennung durch die Grenze, die ein Wiedersehen mit Mutter und Geschwistern sehr erschwerte. Dennoch hat die Familie zusammengehalten. In Elisabeth und Dorothea, ihren Cousinen in Großelbe, fand sie »Ersatzschwestern«. Wir fünf Kinder spielten viel zusammen: mit den Puppen oder »Verstecken« auf dem Hof, wobei auch mein Vetter Carl-Jürgen mitspielte. Wenn die anderen Flüchtlingskinder im Haus und zwei Mädchen aus dem Pfarrhaus dazu kamen, waren wir ein gutes Dutzend Kinder. Natürlich mussten wir auch helfen: im Haushalt oder auf dem Feld. Das war wohl die glücklichste Zeit meiner Kindheit.

Für meine Eltern ergab sich die Gelegenheit, in eine etwas größere Wohnung im Haus meiner Tante Wine zu ziehen. Der große Vorteil: Wir hatten einen Wasserhahn und einen Ausguss in der Wohnung. Ein Badezimmer gab es auch hier nicht. Immerhin war die Toilette im Haus, wenn auch unten im Keller. Die fröhlichen Spiele auf dem Hof fanden so ein Ende. Dafür übergab mir Tante Wine die Fürsorge für acht Angorakaninchen. Ich hatte sie zu füttern, die Ställe sauber zu halten – wichtig für eine gute Wollqualität, sie zu kämmen und sie zu scheren. Danach sahen sie so klapperdürr aus, dass kein Mensch auf die Idee gekommen wäre, sie zu schlachten. Darüber war ich sehr froh. Geld bekam ich dafür nicht, aber sehr viel Liebe von meinen Häschen und einmal blaue Wolle für einen kurzärmeligen Pullover, den ich mir selbst strickte. Tante Wine hatte eine Geflügelfarm, ein Hühnerparadies mit riesigen Koppeln, auf denen herrlich weiße Leghornhennen lebten. Doch auch bei ihr gab es schon einen Brutapparat, aus dem Scharen von

Küken schlüpften. Sie liefen auf großen Blechpfannen herum. Wenn sie gefüttert wurden, trommelten ihre Schnäbel wie bei einem heftigen Regenguss. Aber schon damals wurden überzählige männliche Küken getötet.

So lebten wir zurückgezogen und bescheiden. Eine Fahrt nach Hildesheim zum Schuhkauf oder ein Kinobesuch waren schon besondere Ereignisse. Unterhaltung bot das Radio, manchmal auch aufregende Nachrichten: 1955 wurden die Namen der Gefangenen verlesen, die Adenauer aus der sowjetischen Gefangenschaft frei bekam: Es war ein Dorfbewohner dabei! Die Nachricht verbreitete sich wie ein Lauffeuer. Höhepunkte waren auch die Kindergeburtstage, die meine Mutter mit geringem Aufwand vorzüglich zu gestalten wusste, und meine Konfirmation.

Exkurs: »Die Kirche im Dorf«

»Wie schreibt man eigentlich einen Aufsatz?« sinnierte ich eines Tages über meiner Hausaufgabe. In Großenhain, im 3. Schuljahr, hatte ich das noch nicht gelernt. Wen könnte ich fragen? Meine erste Überlegung: die Eltern. Die waren aber – wie ich glaubte – nicht die richtigen Ansprechpartner. Meine Mutter war es gewöhnt, dass ich mit meinen Schulangelegenheiten allein zurecht kam. Vater? Lieber nicht! Er hätte mir womöglich in guter Absicht einen Aufsatz im Erwachsenenstil diktiert, den ich nicht hätte vorlegen können. Es war schon bei einer ähnlichen Sache zwischen uns zu Streit gekommen. Meine Cousinen waren jünger als ich. Sieglinde aus meiner Klasse, die gegenüber wohnte, war Einheimische und kam von daher nicht in Frage. So ging ich zu Heiner,

St.-Martin-Kirche in Großelbe
(Kreis Wolfenbüttel)
Aufnahme: Brita v. Schönberg

der etwa gleichaltrig und ein Flüchtlingsjunge war. Er hat es mir erklärt, so gut er konnte. Der Vorfall wirft ein Licht auf das Verhältnis zwischen Einheimischen und Flüchtlingen. Es waren streng getrennte Welten. Eine Ausnahme waren meine Cousinen und wir. Als Kinder spielten wir zusammen, ohne solche Rücksichten. Sonst galt: Einheimische, oft Erben von Bauernhöfen, hielten zusammen, Flüchtlinge erst recht. Sie hatten alles verloren und lebten, wie auch wir, in wenig komfortablen Verhältnissen. Viele bauten sich dann Siedlungshäuschen. Einer half dabei dem anderen. Ich kannte alle die ärmlichen Wohnzimmer der Flüchtlingskinder, mit denen ich in die Schule ging, oft ausgestattet mit etwas kitschigen Heiligenbildern, denn die meisten waren katholisch: St. Hedwig, die Schutzpatronin der Schlesier, hatte viele Namensschwestern in diesen Familien. Die Flüchtlinge aus Oberschlesien hatten keine Kirche im Dorf, das von Haus aus evangelisch war. In Baddeckenstedt hatte man eine katholische Kirche für sie erbaut. Sie gingen die drei Kilometer, um ihre Gottesdienste und Feste dort zu feiern.

Die Kirche in Großelbe war eine alte, romanische Wehrkirche mit Schießscharten im Turm. Innen war sie prachtvoll mit einer Barockausstattung, versehen mit einem typisch protestantischen Kanzelaltar. Am meisten beeindruckte mich der Taufengel. Er trug eine Schale für das Taufwasser in der Hand. Bei Taufen wurde er heruntergelassen. Meine Eltern besuchten regelmäßig den Gottesdienst. Sie überließen es aber mir, ob ich mitkommen wollte. Meist tat ich es, obwohl ich mich in der kühlen Atmosphäre, die im Gegensatz zur Ausstattung der Kirche stand, nicht wohlfühlte. Es gab keinen Kindergottesdienst wie in der ebenfalls barocken Marienkirche in Großenhain. Ich vermisste sie sehr. Die Lieder waren zum Teil fremd. Großelbe gehört zur Landeskirche Hannover, der damals Bischof Hanns Lilje vorstand. Mutti hatte ihr sächsisches Gesangbuch gerettet, aber es half ihr wenig. Die angeschlagenen Liednummern stimmten nicht mit den ihren überein. Sie galten für das örtliche Gesangbuch. Man musste immer in das Gesangbuch eines Einheimischen schielen, das kaum jemand spontan hinhielt. Wenn wir den Liedanfang im Verzeichnis und die passende Nummer gefunden hatten, war meist schon die zweite Strophe vorbei. Manchmal stand das Lied gar nicht in unserem Gesangbuch. Dann konnte man nicht mitsingen. Vater wich manchmal nach Oelber aus, das drei Kilometer entfernt lag, zur Braunschweigischen Landeskirche gehörte und eine Liturgie hatte, die ihm besser gefiel. Aber in Sachen »Gesangbuch« war nichts besser: Wir Flüchtlinge fühlten uns nicht einbezogen. Gesangbücher zum Ausleihen in der Kirche – heute eine Selbstverständlichkeit – gab es nicht. Das Problem bestand ja überall und hat wohl die Kirchenleitung veranlasst, das EKG herauszugeben: ein Gesangbuch, das überall gilt und nur am Schluss einen Lokalteil hat. Ebenso verfuhr die katholische Kirche.

In der Großelber Kirche gab es zwei Emporen, die gegenüber lagen. Das war der Platz für die Konfirmanden: auf der einen Seite die Mädchen, auf der anderen die Jungen. Von der Kanzel aus, die auf gleicher Höhe war, konnte unser Pfarrer die Anwesenheit leicht überprüfen. Wer zweimal ohne triftigen Grund fehlte, musste mit dem Ausschluss von der Konfirmation rechnen. Unser zweijähriger Vorbereitungsunterricht bestand aus der Beschäftigung mit dem Katechismus, den wir fast vollständig auswendig lernen mussten, dazu Psalmen und viele Lieder, was ein Gesangbuch fast überflüssig machte. (Ich habe 50 Lieder gezählt!) Es gab bald eine billige Notausgabe des örtlichen Gesangbuchs, das als Basis für den Konfirmandenunterricht diente. Am Glauben und Leben ging der Unterricht vorbei. So empfand ich es als ganz schlimm, dass eine Mitkonfirmandin von der Konfirmation ausgeschlossen wurde, weil sie schwanger war. Es war ein schmächtiges, schwachsinniges Mädchen, das einen der drei Namen trug, die auf dem Großelber Friedhof in allen mögliche Kombinationen auftauchten, also Inzucht! Sie war ein Opfer der spießigen Moral der Fünfziger Jahre. Wo war der Mann, der sich an ihr vergangen hatte? Warum zog man ihn nicht zur Rechenschaft? Und was die Konfirmation angeht, so sollte man doch an das Kindlein denken, das dann zur Taufe getragen werden sollte! Ich war hell empört und wollte mich nicht konfirmieren lassen. Meine Eltern stellten mir die Entscheidung frei. »Was du auch tust, wir stehen zu dir«, sagten sie. Mit der Überlegung, dass die Konfirmation eine Angelegenheit allein zwischen Gott und mir war, entschied ich mich dann doch dafür.

Trotz der Lebensferne unseres Konfirmandenunterrichts kam es noch zu einer Aktion, die den Kern des Christseins betraf: die praktizierte Nächstenliebe an den Menschen, die unsere Hilfe brauchten. Wir Konfirmanden meiner Gruppe, ohne Unterschied der Herkunft, beschlossen, eine Päckchenaktion zugunsten von Empfängern in der DDR zu machen, deren Versorgungslage auch 1955 noch zu wünschen übrig ließ. Die Adressen organisierte ich, weil ich noch Verbindungen in die DDR hatte. Daher kannte ich auch die Bestimmungen für den Versand von Päckchen. Wir gingen von Tür zu Tür und bettelten um Lebensmittel. Selten gingen wir mit leeren

Händen weg: von einem Pfund Salz bis zu einer dicken Räucherwurst vom letzten Schlachtefest gab jeder nach seinem Vermögen – ohne Unterschied, ob man einheimisch oder Flüchtling war. Das baute Brücken. Am Sonntag vor unserer Konfirmation war es grimmig kalt. Am Samstagnachmittag davor saßen wir einträchtig in der Werkstatt von Jochen, dessen Vater Schreiner war. Die Jungen hackten den Buchsbaum aus dem Eis, die Mädchen banden die Girlanden für die Kirche. Und der Ex-Bummel am Tag nach der Konfirmation war wunderschön, trotz der kalten Märzsonne.

Man kam sich mit der Zeit näher, zum Beispiel im Edeka-Laden, der eher ein Tante-Emma-Laden und die große Nachrichtenbörse war. Im Kino, bei Tanzveranstaltungen traf man sich: Man verliebte sich ineinander. Wenn es womöglich einen einheimischen Bauernsohn und ein womöglich katholisches Flüchtlingsmädchen traf, hing manchmal der Haussegen schief. Es konnte bis zur Enterbung führen. Doch oft setzte sich die Liebe durch – zum Segen für das Dorf, das gesunde Hoferben gebrauchen konnte.

Salzgitter (1951–1955)

Meine Eltern machten sich Gedanken, wie es mit meiner Schulbildung weitergehen sollte. Eines Tages erklärten mir meine Eltern, dass sie mich in Salzgitter auf die Oberschule anmelden wollten. »Ich will auf die Mittelschule, die kostet kein Schulgeld«, meinte ich. Im Grunde war ich froh, durch einen Schulbesuch auswärts den robusten Fäusten mancher Großelber Mädchen zu entkommen. Als meine Mutter aus Salzgitter wiederkam, sagte sie: »Ich habe dich doch auf der Oberschule angemeldet. Die Mittelschule war in einer Baracke. Ich wollte nicht, dass du dort zur Schule gehst.«

Damals mussten alle Kinder eine Aufnahmeprüfung für die Oberschule machen, die zehn Tage dauerte. Das hört sich schlimmer an, als es war: Nach einigen Tagen hatte man sich an die Situation gewöhnt und war viel lockerer. Das Zeugnis von der Grundschule spielte keine Rolle. In meinem Fall wäre es ohnehin nur bedingt aussagekräftig gewesen, da es bei uns keine Einsen gab. Es waren immer zwei Lehrer anwesend, einer aus der Grundschule, einer aus dem Gymnasium. Einer unterrichtete, einer beobachtete, wie ich es in meiner Dienstzeit auch erlebt habe. Wir wurden nicht nur in den Hauptfächern geprüft, sondern auch in Fächern wie Biologie. So mussten wir ein Präparat unter dem Mikroskop (ein Stück Hühnerfeder) abzeichnen, nachdem wir es uns angeschaut hatten. In unserem Dorf war ich das einzige Kind, das auf eine höhere Schule in Salzgitter ging. Deshalb führte die Buslinie noch nicht bis nach Großelbe. Ich musste also täglich nach Gustedt, ein Nachbardorf, laufen, wo die nächste Bushaltestelle war, also gut 2 Kilometer Chaussee bei jedem Wetter, hin und zurück. Ein Jahr später kamen ein paar Kinder dazu, die auf die Mittelschule gingen. Die Strecke wurde dann bis Großelbe ausgebaut. Auf der Heimfahrt, wenn wir einen Sitzplatz im Bus ergattert hatten, spielten wir zur Entspannung Karten: Skat. Es ist ein Spiel, bei dem man etwas für das Leben lernen kann: Auch mit schlechten Karten kann man gewinnen, wenn man sich selbst richtig einschätzt und sich geschickt mit dem Partner abstimmt, mit dem man gegen den Dritten spielt. Dabei muss man rechnen und beobachten.

Der Schultag war nun lang und ließ uns nicht mehr viel Freizeit. Kurz vor 15 Uhr kamen wir heim und aßen zu Mittag. Anschließend kamen die Hausaufgaben und sonstige Pflichten (bei mir die Kaninchen), dann war vom Tag nicht mehr viel übrig. Das Problem haben auch heute noch auswärtige Schüler. Dennoch gingen gerade von den Flüchtlingen viele auf die höhere Schule, auch wenn sie keinen Vater mehr hatten. »Was du gelernt hast, kann dir niemand wegnehmen«, sagte meine Mutter. So dachten viele Eltern.

Auf der Oberschule gefiel es mir gut. Es gab sogar Einsen, wie ich zu meiner Freude feststellte. Unser Klassenlehrer Poldi war schon älter, mit schütterem Haar und eigentlich eher ein Gelehrtentyp. Er unterrichtete uns in Deutsch und Englisch. Seine Methoden, Englisch zu unterrichten, waren sehr fortschrittlich und vorbildlich. Schon 1951 wurde, sobald wir die Ausspracheregeln beherrschten, in jeder Stunde ein paar Minuten englische Konversation geübt. Natürlich war unser Wortschatz noch sehr beschränkt, doch wir übten frühzeitig mit unserer kindlichen Unbefangenheit den freien Gebrauch der Sprache. Das habe ich sehr zu schätzen gelernt.

Andererseits gab es für unseren Fremdsprachenunterricht auch ein Negativbeispiel. In der 8. Klasse hatten wir einen Klassenlehrer, der uns in Englisch und Französisch unterrichtete. Er war ein Nazi und schimpfte hemmungslos über die Völker, deren Sprachen er unterrichtete. Wie hat er sie bei dieser inneren Einstellung studieren können? Auch als spätere Kollegin verstand ich ihn nicht. Wenn ich die Sprache und die Kultur eines fremden Volkes weitergebe, muss ich doch alles tun, dass meine Schüler es kennen und lieben lernen, sonst fehlt jede Motivation. (Das war meiner Ansicht nach auch eine

Erklärung dafür, dass in der früheren DDR der Russisch-Unterricht trotz der hohen Wochenstundenzahlen so wenig einbrachte.) Wir setzten uns zur Wehr. Als es einmal besonders schlimm war, meldete sich unser Klassensprecher Jörg. In voller Größe, die damals schon beachtlich war, erhob er sich aus der letzten Bank und sagte: »Herr Studienrat, wir verbitten uns einen solchen Unterricht.« Dann setzte er sich wieder. Unser Lehrer wurde vorsichtiger. Wir hätten ihn in der Hand gehabt: Kurt, der Sohn des Direktors, saß in unserer Klasse. – Man war damals in diesen Dingen sehr empfindlich: Schüler der 10. Klasse wurden von der Schule verwiesen, weil sie das Horst-Wessel-Lied gesungen hatten, das in der Nazi-Zeit sehr populär gewesen war. Es war noch die Zeit der Entnazifizierung.

»Man kann auch an geistiger Unterernährung sterben«, sagte mein Vater. Er wollte weg von Großelbe, nach Wilhelmshaven, wo er früher bei der Marine gewesen war. Er hoffte, alte Kameraden zu finden. Ein Neffe stellte das Geld zur Verfügung, das er für den Baukostenzuschuss brauchte.

Diesmal traf mich der erneute Schulwechsel besonders hart. Ich war in der 9. Klasse und hatte mit einem Jungen ausgemacht, dass wir im nächsten Jahr zusammen in die Tanzstunde gehen wollten, denn wir waren befreundet. Meine Eltern wussten nichts davon. Am letzten Schultag saß ich im leeren Klassenzimmer unter der letzten Bank und weinte bitterlich. Das einzig Positive an dem Umzug: Es würde in Wilhelmshaven endlich ein abschließbares Badezimmer geben.

Wilhelmshaven (1955–1960)

Wilhelmshaven war eine ganz andere Welt: eine Groß-
stadt mit 100 000 Einwohnern, Hafen- und Garnisons-
stadt. Sie bestand ursprünglich aus fünf verschiedenen
Dörfern und war erst im 19. Jahrhundert zur Stadt
geworden, mit vielen Klinkerbauten, des Seeklimas
wegen. Im Krieg war sie das Ziel vieler Angriffe. Jemand
sprach von 104. Entsprechend waren die Zerstörungen
gewesen. Im Zuge der Neuplanung wurden die gradlini-
gen Straßen noch deutlicher als vorher. Man hatte das
Stadtbild durch viele Grünflächen freundlich gestaltet.
In diese Stadt zogen wir nun. Das bedeutete einen Schulwechsel für Ilse und für mich. Bei Ilse fiel er in das
6. Schuljahr, eine ruhige Klasse. Sie konnte im Jahr
darauf mit der zweiten Fremdsprache Französisch beginnen. Für mich war es nunmehr die fünfte Schule. Ich
kam in die 9. Klasse, die bereits als sprachlicher Zweig
ausgewiesen war. Die größte Neuerung für uns: Es gab
in dieser Schule nur Mädchen! Meine Klasse hatte gerade mit der Tanzstunde begonnen. Das bestimmte natürlich die Themen der Pausengespräche. Ich wollte auch
mitmachen. Doch meine Eltern erlaubten es nicht. »Die
Tanzstunde hat schon angefangen. Warte bis nächstes
Jahr!« Oder drückten meine Eltern noch die Umzugs-
kosten, so dass sie nicht das Geld für die Tanzstunde und
das Kleid für den Abschlussball aufbringen konnten?
Traurig fügte ich mich. Was sollte ich sonst tun? Sicher
hätte ich das Versäumnis der zwei Stunden aufgeholt:
Meine neuen Klassenkameradinnen hätten mir Foxtrott
und langsamen Walzer auf dem Schulhof beigebracht.
Dabei wäre ich mit ihnen ins Gespräch gekommen und
mühelos in die neue Klasse integriert worden. So stand

ich abseits, wenn sie sich über ihre Tanzpartner vom Humboldt-Gymnasium und Hausbälle unterhielten, zu denen ich nie eingeladen wurde. Das war verständlich.

Unsere Klasse bestand aus 40 Mädchen. Sie war so anstrengend, dass nur unsere Französischlehrerin mit lauter Stimme und drakonischen Maßnahmen das Schuljahr überstand Alle anderen wurden ausgewechselt. Zuletzt übergab man unsere Klasse der Konrektorin der Schule gleich mit drei Fächern: Deutsch, Englisch und Geschichte. Mit entsprechenden Noten hätte sie ein Drittel der Klasse zum Sitzenbleiben bringen können. Aber Milly schaffte es mit Ruhe und einer natürlichen Autorität, obwohl sie vom Äußeren her kein Idol war: eine ältere, unscheinbare Frau, fachlich hochkompetent. Sie wurde für mein Berufsleben ein Vorbild. In dem nächsten Schuljahr wurden wir schon etwas vernünftiger: Wir sahen ein, dass wir auf lange Sicht den Kürzeren zogen, wenn wir nichts lernten. In diese Zeit fielen meine ersten Erfahrung als Lehrerin. Wenn Meike, Gertrud oder ich dem Gestammel unseres jungen Mathematiklehrers entnehmen konnten, was er meinte, eilte eine von uns nach vorne, brüllte:»Ruhe!« und erklärte das Nötige der Klasse an der Tafel, die dann zuhörte. Nach der übernächsten Klasse teilte man uns auf. Mit vier Klassenkameradinnen zusammen kam ich in Lunas »Musterstall«. Wir machten lange Gesichter. Unsere neue Klassenlehrerin Luna hatte eine imposante Gestalt, ein Suppenteller-Gesicht mit wasserblauen Augen, die grauen Haare kurz und streng nach hinten gekämmt und mit Metallklammern befestigt. Sie machte sich große Sorgen um den tugendhaften Lebenswandel ihrer Schülerinnen und versuchte, uns mit vorsichtig dosierten Bemerkungen »aufzuklären«. Ich quittierte das – auf der letzten Bank – mit einem süffisanten Lächeln, was sich nicht gerade positiv auf unser Verhältnis auswirkte. Ihr Gegenpol war Gretchen, unsere Deutsch-Lehrerin, auch schon ergraut und voller Güte. Sie war bei uns allgemein beliebt, und ich habe bis zu ihrem Tod Kontakt mit ihr gehabt. Manche unserer (männlichen) Lehrer der Naturwissenschaften meinten, eine sprachliche Mädchenklasse sei in ihrem Bereich ein hoffnungsloser Fall: ein unberechtigtes Vorurteil! Ich konnte dann sehr unbequem werden und schoss scharf zurück.

So legte ich, reich an Schulerfahrungen aller Art und mit guten Fremdsprachenkenntnissen versehen, im Jahr 1960 mein Abitur ab. »Non scholae, sed vitae discimus!« (Nicht für die Schule, sondern für das Leben lernen wir!) Diese Erkenntnis konnte ich in mein künftiges Leben als Lehrerin mitnehmen. Ich habe als Schülerin drei Bundesländer kennen gelernt: Sachsen-Anhalt, Sachsen, Niedersachsen, als Lehrerin auch: Hessen, Bayern, Sachsen. Es ist eine Ost-West-Biografie.

Exkurs: Brief an meinen Vater

Vorbemerkung: Mein Vater starb am 05. 07. 1957 nach seinem zweiten Schlaganfall in Wilhelmshaven.

Lieber Vater!
Es ist sicher ungewöhnlich, wenn ich Dir gut 50 Jahre nach Deinem Tod einen Brief schreibe. Ich bin nun fast so alt wie Du, als Dich Dein erster Schlaganfall halbseitig lähmte. Wir hatten schon gehofft, er sei überstanden. Dann folgten Dein zweiter Schlaganfall und kurz darauf Dein Tod. Niemand hatte damit gerechnet. Ilse und ich

waren zu dem Zeitpunkt verreist, weil Sommerferien waren.

So denke ich, dass es auch für mich Zeit wird, mein Leben zu überdenken, auch mein Verhältnis zu Dir.

Mit Sehnsucht war ich erwartet worden von Dir, bereits 54 Jahre alt, und von Mutti, die knapp 20 Jahre jünger war. Endlich war ich da und doch – für Dich – eine kleine Enttäuschung, als Du mich in Uniform begrüßtest. Zum einen war ich nicht der erhoffte Stammhalter, zum anderen nicht einmal ein besonders hübsches Baby: Der Haarflaum war rötlich, was Dir nicht gefiel, und außerdem war ich mit fast 60 Zentimetern so lang geraten, dass ich auf der Säuglingsstation »die Riesendame« genannt wurde (immerhin »Dame«!). Besonders letzteres veranlasste Dich zu sorgenvollen Hochrechnungen: Dein Vater war mit 1,98 Metern der zweitgrößte Offizier Sachsens gewesen. Wenn ich nun auch so groß würde?

Zunächst hattest Du kaum Gelegenheit, Dir darüber Gedanken zu machen, denn Du musstest wieder in den Krieg. Wir sahen Dich nur gelegentlich, wenn Du ein paar Tage Heimaturlaub hattest. Dann waren wir eine glückliche Familie, zu der sich 1943 noch Ilse gesellte, ein entzückendes Sonntagskind und der Star unter 90 Babys im Friedrichstädter Krankenhaus Dresden, ein süßes kleines Mädchen, eher nach Deinem Geschmack. Das Kriegsende riss nicht nur unsere Familie, sondern auch unser Land entzwei. Du wurdest aus der Gefangenschaft wohlweislich in den Westen entlassen und lebtest auf dem Hof von Onkel Carl, Muttis Schwager. Nur selten konnten wir uns sehen, wenn etwa Mutti mit uns Kindern für ein paar Tage schwarz über die Grenze kam: ein riskantes Unternehmen! Für Dich bedeutete das Leben ohne Deine Familie Einsamkeit.

Für mich hieß es, Mutti zu unterstützen, ihre Gesprächspartnerin in ernsten Fragen zu sein, obwohl ich ja noch ein Grundschulkind war. Ich musste Dich in manchen Dingen vertreten und absolut verschwiegen sein. Das hat auch mich ein wenig einsam gemacht. Welch schwerwiegende Probleme mit mir besprochen werden mussten, zeigt, dass ich in unsere Fluchtpläne in den Westen eingeweiht war. Im Juli 1949 war es soweit. Ich war gerade neun Jahre alt geworden, als uns die Flucht über Berlin gelang und nun zusammen war, was zusammen gehörte. Ich hatte mich darauf gefreut, dass wir nun eine richtige Familie sein würden.

Doch wie bei vielen Kriegsvätern und Kriegskindern war das nicht so einfach. Denn jeder brachte seine Geschichte, konkret: seine Kriegserlebnisse mit. Sie waren besonders wirksam, wenn man sich – wie ich schon bewusst daran erinnern konnte. Das Problem fiel bei Ilse weg, denn sie war zum Zeitpunkt des Zusammenbruchs noch nicht zwei Jahre alt. Du hattest, auf der anderen Seite, bereits eine lange militärische Laufbahn hinter Dir. Du hattest noch den letzten sächsischen König als Page erlebt und erzähltest über ihn köstliche Anekdoten. Du wuchsest im königlichen Kadettenkorps auf. Dann folgte der Erste Weltkrieg, an dem Du schon aktiv beteiligt warst, dann folgte, mit Hitler, der Zweite. Weltkrieg. Was musst Du schon alles erlebt haben? Was hat man möglicher Weise von Dir verlangt, was Deinem Gewissen widersprach? Zu fragen wagte ich nicht: Es war ein Tabu-Thema. Mutti hätte mich sofort zurückgepfiffen, wenn ich davon angefangen hätte. Dabei warst Du gar kein Nazi gewesen, im Gegenteil! Doch auch Du wusstest nicht, was ich im Krieg erlebt hatte – traumatische Belastungen, die ich zu tragen hatte. Wir waren beide vom Krieg kontaminiert, ohne dass jeweils der eine vom anderen wusste, wo die wunden Punkte lagen: Wir kannten einander zu wenig. So hast Du mein Misstrauen, besonders am Anfang, als persönliche Kränkung erfahren, etwa, wenn ich nach einer Anordnung fragte: »Warum?« Darauf warst Du nicht gefasst, am wenigsten bei Deinem eigenen Kind, einem kleinen Mädchen. Du fühltest Dich doppelt getroffen, als Offizier, dem die »Befehlsverweigerung« einer altklugen Göre absurd erschien, als liebender Vater, den das eigene Kind wie einen Fremden behandelte. Denn das war ja mein Erfahrungshintergrund: Fremden muss man misstrauen. Das hatten mich die Flucht 1945 und die Zeit danach in Wittenberg gelehrt. Aus diesen negativen Erlebnissen erwuchs zwischen uns eine Barriere, die Ilse nicht kannte. Ihr habt einander ins Herz geschlossen – ohne Vorbehalt und über den Tod hinaus.

Was erschwerend dazu kam: Du hattest keine Erfahrung im Umgang mit kleinen Mädchen. Du warst unter Brüdern und Vettern groß geworden. Im Kadettenkorps konnten Dir auch nicht kleine Mädchen über den Weg laufen. Tipps hätte Dir Mutti geben können und hat es sicher auch getan in meiner Abwesenheit: war sie doch Kindergärtnerin und selbst in einer bunten Geschwisterreihe von fünf Kindern groß geworden. Auf eine Konfrontation mit Dir ließ sie es aber nicht ankommen. So war ich das erste Mädchen, das Deinen Lebensweg kreuzte, und dabei ein harter Brocken: keineswegs niedlich, sondern schwierig. Wenn ich mich mal wieder wie »Sperrgut« benommen hatte, seufztest Du und sagtest mit einem Blick auf mich: »Ich dachte, Mädchen seien artiger!«

Hinzu kam, dass wir uns in manchen Charaktereigenschaften sehr ähnlich waren, zum Beispiel in einer gewissen Härte. Wir konnten nicht zurückstecken, wenn wir uns etwa in einer Diskussion ineinander verkeilt hatten. »Du hältst jetzt den Mund!« sagte Mutti dann zu mir, um die Situation zu entschärfen. Ich fürchtete Deinen zornigen Blick, der mich zum Weinen brachte, was Du ganz und gar nicht ausstehen konntest bei einer Soldatentochter. Ich habe diesen Blick von Dir geerbt: Keine 9. Klasse, der dabei nicht mulmig wurde! Ich brauchte nicht laut zu werden. (Mein letzter Chef hat dies in seiner Abschiedsrede sogar erwähnt!)

Negativ auf unser Verhältnis wirkten sich auch unsere gegenläufigen Lebenskurven aus: Deine Kräfte waren nach einem schweren, wechselvollen Leben, nach zwei Weltkriegen, verbraucht, was sich in Deiner Erkrankung an einem Schlaganfall zeigte und Dich – wegen Deiner Lähmung – hilfsbedürftig machte. Du warst auf Unterstützung angewiesen, auch auf meine. Ich habe viele wichtige Hilfsgriffe an Dir gelernt, die ich heute noch kann und die mir schon bei vielen Gelegenheiten genützt haben. Für Dich war es demütigend, abhängig zu sein gerade von mir, einer Tochter, die mitten in der Pubertät steckte – in einer aufsteigenden Lebenskurve – und die Deiner gesteigerten Empfindlichkeit nicht immer Rechnung trug.

Doch ist das zum Glück nicht das letzte Wort. Es gab auch vieles, was uns verband. Da waren zum Beispiel die Katzen auf Onkel Carls Hof. Es gab nur zwei, auf deren Rufen sie hörten: Du und ich! Dabei ging ihre Liebe nicht unbedingt durch den Magen. Wenn sie vor unserer Tür saßen, gab es nur ein Stückchen Brot »mit Geschmack«, wie Du sagtest, das heißt: mit einem Kleks Margarine, Wurst oder Käse. Am Freitag bekamen sie Fischreste, die sie schon, angelockt von dem köstlichen Geruch, lautstark einforderten. Sie schnurrten, rieben ihre Köpfe an uns. Sie spendeten Zärtlichkeit, taten es stellvertretend für uns, da wir es nicht konnten. – Nie hätten wir »Amtshilfe« geleistet, wenn sie etwas geklaut hatten. Sollten doch die Besitzer besser auf ihre Sachen aufpassen! Wir hätten damit das Vertrauen der Katzen verloren, wenn wir uns zum Handlanger derer gemacht hätten, die sie verprügeln wollten: Das nicht!

Das Zweite, das uns miteinander verband, war der Blick über die Grenzen Deutschlands hinaus. Du warst in England und mit Deinem Bruder Wolf, meinem Paten, in Südwestafrika gewesen. Du wärst zu gerne wieder dorthin gegangen, doch der Krieg hat es verhindert. Mutti wäre bereit gewesen mitzugehen. Onkel Wolf schrieb an uns. Er schickte mir einmal ein Päckchen mit lebenden Blumen. Was muss das für ein Porto gekostet haben! Mit den Briefmarken kannte ich mich früh aus und wusste, dass es jede in zwei Sprachen gab: auf Afrikaans und auf Englisch. Ich wusste auch warum. Du erklärtest mir, welche Stämme es unter den Schwarzen gibt und wie sie sich unterscheiden. Noch aktueller wurden für mich solche Themen, als ich anfing, Englisch zu lernen. Du zeigtest mir sehr früh, wofür diese Kenntnisse gut sind. Margaret war meine erste englische Brieffreundin, mit der ich in meinem zweiten Jahr Englisch die Korrespondenz begann. Du hast mir dabei geholfen, denn allein hätte ich es nicht geschafft. Queen Elizabeth II. war gerade nach dem Tode ihres Vaters zur Königin gekrönt worden. Margaret schickte mir Ausschnitte von englischen Illustrierten über das Ereignis, für mich eine neue, faszinierende Welt! Später kam Mary aus Neuseeland dazu. Beide Beziehungen bestehen noch: Margaret mit Tochter und Enkelin habe ich durch Dresden geführt. (Kannst Du Dir das vorstellen, der Du nur den Kalten Krieg nach 1945 erlebt hast?) Mary war mit ihrem Mann mehrmals in Deutschland, kennt auch Mutti und Ilse. Auch uns verbindet eine herzliche Freundschaft. Im Februar waren sie und ihr Mann hier. Im nächsten Jahr ist mein Gegenbesuch fällig. Du hast zu diesen Freundschaften den Anstoß gegeben, wofür ich Dir dankbar bin. Sie betrafen mein persönliches Umfeld. Mir lag aber auch sehr daran, Kontakte aufzubauen, die darüber hinausgingen, Friedensarbeit zu leisten, gerade als Kriegskind! So baute ich eine Schulpartnerschaft zwischen dem St. Benno-Gymnasium Dresden und einem dänischen Gymnasium in Odder bei Arhus auf der Basis Englisch auf. Die Sprache half mir auch, bei dem Weltjugendtag der katholischen Jugendlichen in Köln, der sich über ganz Deutschland erstreckte, zu dolmetschen. Meine Partner waren aus Indien. Dabei hat mir natürlich sehr geholfen, dass ich knapp drei Jahre an einer britischen Universität als Lektorin tätig war. Andere lebende Fremdsprachen kamen dazu: Französisch und Russisch, die ich im gleichen Sinn einzusetzen versuche.

Wenn ich ins Ausland reise, bemühe ich mich, meinem Gastland ein freundliches Bild von den Deutschen zu vermitteln, eine gute Botschafterin meines Landes zu sein, das den Frieden will. Auch, wenn ich die Sprache meines Gastlandes nicht spreche, Kernbegriffe wie »bitte«, »danke«, »ja«, »nein« und »Guten Tag!« eigne ich mir so schnell wie möglich an, mit einem Lächeln, das erwidert wird. – Zwar gibt es den Eisernen Vorhang nicht mehr, dafür aber die Globalisierung, die zu den noch nicht ganz begrabenen Konflikten neue schafft. Die Anstrengungen, den Frieden zu fördern und zu wahren, sind nicht geringer geworden.

Doch zurück zu uns! Etwas Wichtiges, was uns verbindet, ist ein klares, von den christlichen Werten geprägtes Weltbild, das ja mit dem äußeren und inneren Frieden zusammenhängt. Du hast es uns mit Mutti glaubwürdig vorgelebt. Die Herrnhuter Losungen waren unsere tägliche Lektüre. Ilse und ich lesen sie noch heute. Manchmal hast Du Luthers Version mit einer anderen verglichen, wenn sie Dir nicht gefiel. Du hast uns nicht in die Kirche geschickt, sondern bist mit Mutti und uns in die Kirche gegangen. Meinen Konfirmationsspruch hast Du für mich ausgesucht (Psalm 139, Vers 9 und 10), nicht ahnend, wie aktuell er in meinem wechselvollen Leben werden sollte.

Mit Standhaftigkeit hat die Familie trotz widriger Umstände zusammengehalten. Sie hat sich, je nach den Begabungen und persönlichen Neigungen, weiterentwickelt. Deine Töchter haben viel erreicht, auch wenn sie keine Stammhalter waren: Ilse hat das Familienschloss Reichstädt gerettet, ich habe in Heynitz als Retterin mitgewirkt. Ich glaube, Du kannst stolz auf Deine Töchter sein.

Dein verfrühter Tod kurz vor Deinem 71. Geburtstag gab diesen Perspektiven keinen Raum mehr, gerade zwischen uns beiden. Zu vieles blieb offen. Es bleibt ein Rest, der auch durch alle Erklärungen nicht beseitigt werden kann, den man »Schuld« nennen muss. Die müssen wir einander vergeben, wie es im Vaterunser steht.

Trotzdem bin ich dankbar für alles, dankbar auch für den Abschied von Dir, wie er gewesen ist: Meine letzten Worte an Dich waren ein Dank, bevor ich – nicht wissend um Deinen nahen Tod – zu Margaret nach England aufbrach.

Mögest Du in Frieden ruhen und das ewige Licht Dir leuchten!

Deine Dich liebende Tochter Anna

Auslandstätigkeiten:
Deutsch als Fremdsprache

Frankreich:
Erste Unterrichtserfahrungen in
Aix-en-Provence (1963 – 1964)

Was bewog mich, nach meinem Philosophikum in Tübingen nach Frankreich zu gehen?

Da war eine gewisse Neugier, das Studentenleben im Ausland kennen zu lernen, verbunden mit einem Schuss Abenteuerlust.

Warum Frankreich, obwohl ich nicht Romanistik studierte?

Tübingen hatte eine Partnerschaft mit der Universität Aix-en-Provence, und die war für mich, die ich Latein studierte, hochinteressant: Lag sie doch, wie der Name sagt, mitten in einer der römischen Provinzen. Die Römer hatten auch fern der Heimat herrliche Bauwerke erstellt und uns hinterlassen, zum Beispiel in Orange, Nîmes, Arles und Avignon. Mit den Bauten genoss man auch die eindrucksvolle Landschaft, die viele Maler inspiriert hat. Gleichzeitig war ein Aufenthalt in dem Land für mich ein Test, ob mein Französisch noch auf aktuellem Stand war. Das überprüfte gleich das französische Konsulat in Stuttgart, nachdem ich meine Bewerbungsunterlagen eingereicht hatte.

Die Mitteilung, ich hätte von der französischen Regierung ein Stipendium für ein Semester erhalten, war für mich wie ein Lotteriegewinn. Wohnen würde ich in einem Heim für Studentinnen. Dort empfing mich nach meiner

Ankunft in Aix-en-Provence eine gestrenge Concierge und führte mich in ein mit grauer Ölfarbe gestrichenes Zimmer. Es wirkte trist. Zum Glück hatte ich eine Zeitschrift mit Wiedergaben mittelalterlicher Handschriften und Malerei bei mir. Ich zerschnitt sie und klebte daraus die Bilder an die Wand. Damit verlor das Zimmer seinen herben Charakter und wurde meins. Im Haus herrschte ein strenges Regiment: Herrenbesuche waren zu keiner Tages- oder Nachtzeit erlaubt. Deshalb verstanden die Verehrer meiner Kommilitoninnen etwas vom Fassadenklettern. Am Sonntagmorgen traf man sie und ihn in Morgenmänteln auf den Fluren der Gänge. Liebe kennt eben keine Hindernisse.

Ich belegte Vorlesungen in Germanistik (»Faust« bei Professor Pierre Paul Sagave) und in Latein. Die lateinischen Texte verstand ich nur, wenn ich sie mitlesen konnte, da sie in französischer Aussprache vorgetragen wurden. Bestimmend für das Semester wurde etwas ganz anderes. Professor Sagave kannte die Stipendiaten persönlich. Eines Tages sprach er mich nach einer Vorlesung an: »Melden Sie sich doch mal in der Ecole de la Nativité! Es ist ein Lyceum für Mädchen. Die Leiterin, Soeur Marie Madeleine, möchte Sie sprechen. Sie braucht eine Lehrerin für ein paar Stunden Deutsch.« »Aber ich habe doch noch kein Staatsexamen«, erwiderte ich. »Das macht nichts«, antwortete Professor Sagave, »mit Ihrem Philosophikum werden Sie als Licenciée eingestuft.« »Nun«, dachte ich, »Deutsch kann ich ja.« Ich beschloss, mich zu melden. Soeur Marie Madeleine nahm mich freundlich auf und machte mich mit meinen Schülerinnen bekannt. Es waren Abiturientinnen, kaum jünger als ich und liebenswerte Mädchen. Doch was jetzt kam, hatte ich nicht erwartet! Es war nicht das Schlimmste, dass sie zwar deutsch übersetzen, aber nicht deutsch sprechen konnten. (Diese Beobachtung habe ich bei meinem späteren Unterricht immer wieder gemacht, wenn ich Deutsch als Fremdsprache unterrichtete. Ich wusste nun um so mehr meinen eigenen Unterricht zu schätzen, in dem meine Lehrer in jeder Stunde mit uns einige Minuten Konversation übten, sobald wir die spezifischen Ausspracheregeln beherrschten.) Schwieriger für mich: Meine Schülerinnen stellten mir Fragen über meine Muttersprache, die ich nicht beantworten konnte. Die Gründe: Entweder hatte ich darüber nie nachgedacht, zum Beispiel über die Wortstellung im Deutschen, oder die Fragen waren nicht in einer klaren Regel zu beantworten, zum Beispiel über die Genera. Es ist schon schwer, einem Franzosen zu vermitteln, warum es im Deutschen neben dem Maskulinum und dem Femininum noch das Neutrum gibt. Schlimmer noch die Anwendung: Warum heißt es »die Frau«, aber »das Weib«? So lernte ich meine eigene Sprache aus einer ganz neuen Perspektive kennen. Methodisch hatte ich ja auch keine Vorbildung, machte aber wohl instinktiv das Richtige: wie eine Katze, die auf ihre vier Pfoten fällt, wenn man sie vom Heuboden herunterwirft. Jedenfalls kam ich gut zurecht. Manchmal musste ich daran denken, dass auch die Umwelt anders war. Als es einmal im Januar schneite – für die Bewohner der Provence eine Katastrophe, welche die Autos ins Rutschen brachte, schloss mich Soeur Marie Madeleine gerührt in die Arme, als ich zur gewohnten Zeit in der Schule auftauchte: »Que vous soyez venue!« (Dass Sie gekommen sind!) sagte sie. Meine Schülerinnen fehlten: Ausnahmezustand!

Zum Abschluss meiner Tätigkeit im Februar erhielt ich von der Schulleiterin ein Zeugnis in der Größe einer Postkarte. Darauf stand: »Elle a enseigné avec compétence et autorité.« (Sie hat mit Kompetenz und Autorität unterrichtet.) Damit konnte ich zufrieden sein. Dieses kleine Stück Papier wurde ein Baustein für meine nächste Tätigkeit im Ausland.

Großbritannien:
Lektorat für deutsche Sprache an der Universität Bangor (Nordwales):
Olga – Aussöhnung mit den Russen (1974–1977)

1945: »Die Russen kommen!« Ein Schreckensruf, den alle, besonders Frauen, in panische Angst versetzte: Waren doch Vergewaltigungen und andere Formen der Brutalität in dem besiegten Deutschland an der Tagesordnung. Viele Deutsche wurden mitgenommen, bis nach Sibirien, kaum jemand kam wieder. Demontagen schwächten das Land, soweit es unter sowjetischer Verwaltung stand.

1974: Eine Russin kommt: Olga aus Moskau. Sollte es ihr gelingen, meine Einstellung zu den Russen völlig zu verändern, meine Furcht vor ihnen zu besiegen?
    War das überhaupt möglich?

1973 hatte ich mich aus dem deutschen Schuldienst für ein Lektorat für deutsche Sprache beworben. Der Deutsche Akademische Austauschdienst schickte mich nach Großbritannien: Die Universität Bangor (Nordwales) würde in den nächsten drei Jahren mein Dienstort sein.

Im Februar 1974 machte ich mich auf den Weg dorthin, ausgestattet mit 56 Haushaltskerzen, denn in meinem Gastland wurde auf ganzer Linie gestreikt. Manchmal fiel der Strom aus. Auch an die Abneigung der Waliser gegen die Engländer und umgekehrt musste ich mich gewöhnen. So erlebte ich zum ersten Mal Nationalismus aus nächster Nähe. Unser Kollegium der Fachschaft Germanistik war in dem Punkt unbelastet und sehr international: Ein Dozent war Deutscher, es gab Lektorate für Niederländisch und Norwegisch, vertreten jeweils mit einem Muttersprachler. Nun kam ich mit Deutsch dazu. Eine enge Verbindung bestand mit der Fachschaft Russisch, die ein Engländer leitete. Sie hatte ebenfalls eine Lektorin: Olga aus Moskau. Eines Tages stand sie vor mir: eine Russin! Sie sah aus wie eine Babuschka: groß, stämmig, mit kurzem, struppigem Haar. Eine dicke Hornbrille beherrschte ihr freundliches Gesicht. Olga trug dunkle Kleidung, für die sie mit ihren 38 Jahren viel zu jung war. Ihre Plastikschuhe fielen ihr fast von den Füßen. Wir mochten uns sofort. Ihr Englisch war stockend. Sicher hatte sie eine gründliche sprachliche Ausbildung in Moskau mitbekommen. Doch wie sollten ihre Lehrer ihr den praktischen Sprachgebrauch beibringen, wenn sie selbst nie in ein englisch sprachiges Land reisen durften? (Die gleichen Probleme traten nach der Wende bei vielen ostdeutschen Englischlehrern auf!) Sicher hätte sie Tolstoi ins Englische übersetzen können, wäre aber bei einem Kaufgespräch überfordert gewesen. So sagte ich nach ein paar Tagen zu ihr: »Olga, wenn du willst, gehen wir für dich ein Paar neue Schuhe kaufen. Ich kenne hier die Geschäfte.« Wir zogen los und betrachteten die Auslagen in den Schuhgeschäften. Plötzlich stutzte Olga: »Ich habe das gleiche Paar Schuhe in dem anderen

Geschäft gesehen, doch mit einem höheren Preis. Warum?« So etwas war für Olga unbegreiflich. In der sozialistischen Planwirtschaft hatte ein Gegenstand von Moskau bis Wladiwostok den gleichen Preis. Allen das Gleiche! Olga war eine überzeugte Kommunistin und hätte das letzte Stück Brot mit mir geteilt. Sie blickte mich verständnislos an. »Weil«, antwortete ich vorsichtig, »dieser Kaufmann an den Schuhen mehr zu verdienen hofft.« Erst allmählich durchschaute sie den Unterschied zwischen zentralistischer Planwirtschaft und freier Marktwirtschaft. Sie war jetzt doch froh, dass ich mitgekommen war, damit sie nicht über den Tisch gezogen wurde. In dieser für sie fremden Welt wollte ich künftig »Übersetzerin« sein. Ich beschloss, Russisch zu lernen. Olga sprach ein sehr klares Russisch, was mir dabei half. Mit ihrem Dozenten brachte sie mir die Sprache und Literatur ihres Landes näher. So konnte ich sogar ein Referat über Puschkins »Bronzenen Reiter« halten. Der Dichter Jewtuschenko besuchte unsere Universität und hielt eine Lesung aus seiner Gedichtsammlung. Sie trug im Englischen den Titel:»Stolen Apples«. Ich war begeistert und verkaufte sie anschließend im Publikum. Am Ende des akademischen Jahres legte ich eine Prüfung ab, die mich dazu berechtigte, bis zum O-level Russisch zu unterrichten. (Dieser Schulabschluss entspricht etwa der Mittleren Reife in Deutschland.) Ich fuhr mit Olga in meinem roten Käfer durch die Gegend und zeigte ihr Land und Leute.

Da erreichte Olga die Nachricht vom Tod ihres Vaters. Sie konnte nicht zu seiner Beisetzung fahren. Darunter litt sie sehr. »Schrecklich!« sagte sie, als wir die Grabplatten in der Kathedrale von Chester betrachteten. Nach ihrer Weltanschauung war mit dem Tod alles zu

Ende. »Es wird ein neues Leben geben«, erwiderte ich. Olga achtete mich als Christin.

Olga konnte ihre Trauer nicht überwinden. Die Sehnsucht nach ihrem Mann und ihrem Kind kam dazu. So brach sie ihren Aufenthalt in Bangor kurz vor Ostern, also vor dem Ende des akademischen Jahres, ab. Ich wollte zu Ostern zu meiner Freundin Renate nach Thüringen fahren. So hatten wir einen Teil der Reise noch gemeinsam. In London musste sie ihren Pass abholen, der bei der Sowjetischen Botschaft hinterlegt war. Außerdem wollten wir in der Oxford- und Regent-Street einkaufen gehen, damit sie einen guten Teil ihres Gehaltes sinnvoll anlegte. Ich war einige Male in London gewesen und kannte mich aus. Wir übernachteten in einem Studentenheim. Olga wollte zuerst die formalen Dinge regeln. So rief ich ein Taxi und erklärte dem Fahrer, wohin er sie fahren sollte. Ich blieb aber selbst im Studentenheim zurück. Es wäre für Olga belastend gewesen, mit einer Westdeutschen in Verbindung gebracht zu werden, die russisch sprach. Wir hatten eine Zeit vereinbart, zu der ich sie im Heim erwartete. Dann wollten wir einkaufen gehen. Olga kam nicht. Ich wartete und wartete, wurde unruhig. Was konnte ihr zugestoßen sein? Endlich tauchte sie an der Tür auf. »Olga, warum kommst du so spät? Ich habe mir große Sorgen gemacht!« rief ich. Was war geschehen? Ein geschäftstüchtiger Taxifahrer hatte Olgas Sprachschwierigkeiten ausgenutzt und ihr für entsprechendes Geld eine unfreiwillige »Stadtrundfahrt« beschert. (Nach meinen Angaben hatte die Fahrt 15 Minuten, die Rückfahrt 45 Minuten gedauert!) Nun machten wir uns gemeinsam auf. Olga kaufte für die ganze Familie ein. Sogar für sich kaufte sie einen Wollmantel: auf mein Zureden in dunkelblau und nicht in anthrazit oder schwarz. Dazu gehörte eigentlich noch ein Seidentuch mit Blumen. Das, meinte Olga, sei zu viel für sie, zu bunt. »Olga, kaufe es für dich, dieses eine Mal! Mache es mir zuliebe und denke an mich, wenn du es trägst!« sprach ich. Olga gab nach und war – vielleicht zum ersten Mal in ihrem Leben – sich selbst gegenüber – großzügig. Unsere gemeinsame Fahrt endete in Osnabrück. Dann nahmen wir bewegt Abschied: Olga fuhr über Warschau nach Moskau, ich nach Kassel. Wir umarmten uns stumm. Dann trennten sich unsere Wege.

Ein feucht-fröhliches Nachspiel

Im Jahr darauf fuhr ich mit einer Reisegruppe nach Moskau. Meine Russischkenntnisse erweiterten meinen Horizont erheblich: Manches, was uns Wladimir, ein linientreuer Reiseführer, nicht zeigte, erkundete ich auf eigene Faust. Unser Aufenthalt fiel mit dem Geburtstag seiner Mutter zusammen. Wenigstens abends wollte er mit ihr feiern. So setzte er uns in einem Spezialitätenrestaurant ab. Eine Kapelle mit live-Musik zum Tanzen war uns versprochen worden. Aber die kam nicht. Ein Herr aus unserer Gruppe, der auch russisch sprach, und ich reklamierten sie bei dem Wirt. Der war verlegen, weil er die Kapelle nicht herbeischaffen konnte. »Aber«, so sagte er, »es gibt eine Hochzeitsgesellschaft im Haus, die einen Plattenspieler hat. Getanzt wird auf den Gängen. Sicher hat niemand etwas dagegen, wenn Sie sich unter die Tänzer mischen.« Das wollten wir genau wissen und begaben uns in das nahe gelegene Kaufhaus »GUM«. Dort erstanden wir ein kleines Geschenk und begaben uns zu dem Brautpaar: mit herzlichen, russischen Glückwünschen. Das war eine Sensation! Westdeutsche, die russisch sprachen, nicht Bürger aus der DDR, bei denen man eine Antwort schon vorher wusste, bevor man die Frage gestellt hatte! Wir mussten sofort ein Glas Wodka trinken, auf das Wohl des Brautpaares: ex natürlich! Auch auf ein Foto für das Familienalbum wurden wir gebannt. Selbstverständlich konnten wir auf den Gängen tanzen, gerne sogar! Und dann tanzten wir: Russin mit Deutschem, Deutsche mit Russen! Die »deutsch-sowjetische Freundschaft«, wie wir sie hier praktizierten, wurde immer wieder mit Wodka begossen. Mit dem Alkoholspiegel stieg ihre Herzlichkeit. Dem Wirt wurde es unheimlich. Er holte den Busfahrer zur Hilfe. Dieser stellte sich in den Türrahmen und brüllte: »Dienstschluss!« Wir mussten mit ihm in das 18 Kilometer entfernte Hotel fahren. Mit unendlichem Bedauern trennten wir uns. Ein Hauch von Wodka, dessen Geruch sich über die Fahrgäste ausbreitete, ließ uns im Sound der Donkosaken summen. Was würde Wladimir morgen dazu sagen?

Ein Rückfall?

Spätherbst 1990: Die Hochstimmung über die deutsche Wiedervereinigung war noch nicht verflogen. Wildfremde Menschen in Ost und West luden sich gegenseitig ein. So fuhr ich zu einem Theologen-Ehepaar nach Naumburg. Ich kannte die Stadt nicht und suchte das Haus meiner Gastgeber. Es war schon dunkel und regnerisch. Das Katzenkopfpflaster glänzte. Mehr oder weniger zufällig bog ich mit dem Auto in eine Nebenstraße ab.

Plötzlich – riesengroß – aus roten Glühbirnen – ein Sowjetstern über dem Eingang einer Kaserne, verstärkt durch die Spiegelung auf dem Straßenpflaster! Ein eisiger Schreck durchfuhr mich: die RUSSEN! Ich war vor einer russischen Kaserne gelandet! STOY! (HALT!) Nichts wie weg! Zwar waren die Russen nicht mehr mächtig, aber präsent. Eilig wendete ich mein Fahrzeug in Richtung Stadtzentrum, wohin mir die Türme des Domes den Weg wiesen.

Ganz wird wohl ein Funken Angst in mir nicht verlöschen. Ich kann die gleiche Reaktion der Litauer auf die Kaukasus-Krise gut verstehen.

Litauen:
Als Deutsche hochwillkommen! (1998–2007)

Nach der Wende waren auch schulische Kontakte zu Ländern des ehemaligen Ostblocks möglich. Schulpartnerschaften entstanden, zum Beispiel zwischen dem Jesuiten-Gymnasium in Vilnius in Litauen und dem Jesuiten-Kolleg St. Blasien in Deutschland. Durch meine Nichte Silvia, die dort Schülerin war, hatte ich den Kontakt aufgenommen: Ich lud Kollegen der Fachschaft Deutsch aus Vilnius nach Günzburg ein, wo ich derzeit stellvertretende Schulleiterin des Dossenberger-Gymnasiums war. 1998 erfolgte mein Gegenbesuch. Bis 2007 fuhr ich jährlich ein bis zwei Wochen nach Litauen, um dort Deutsch zu unterrichten.

Alma Prakaityte und Brita v. Schönberg
in der St. Kasimir-Kirche Vilnius Litauen.

Quelle: Archiv des Jesuiten-Gymnasiums Vilnius/Litauen

Zum diesjährigen Schulbeginn schickte ich folgende E-Mail an Alma, die Leiterin der Fachschaft Deutsch:

Montag, den 1. September 2008 10:06

Liebe Alma, liebe Kolleginnen der Fachschaft Deutsch!

Es ist 9.35 Uhr. Sicher sammelt sich die Schulgemeinde zum Pontifikalamt in der St. Kasimir-Kirche. Meine Gedanken begleiten Euch. Vor zehn Jahren war ich auch dabei. Es war mein erster Besuch in Vilnius an Eurer Schule. Ich war von dem Gottesdienst tief beeindruckt. Schüler der 12. Klasse standen nicht weit vom Altar und trugen die litauische Flagge. Nach dem Gottesdienst folgten einige Grußworte. Ich war auch dabei. Wir beide, Du, Alma, und ich, standen am Lesepult, Du hast mein Grußwort übersetzt. Mir war die Bedeutung des Datums bewusst: Beginn des Zweiten Weltkrieges, der durch uns Deutsche so viel Leid brachte, gerade den jüdischen Einwohnern Eurer Stadt. Deshalb schloss ich meine Ansprache mit dem Wort »Schalom!« Es war für mich ein bewegender Augenblick, gerade zu diesem Zeitpunkt an diesem Ort ein Wort an die Schulgemeinde richten zu dürfen. – Nach dem Gottesdienst trafen wir uns auf dem Schulhof, im Hintergrund restaurierte und nicht restaurierte Bauten Eurer Schule. (Heute sieht das ganz anders aus.) Wir standen im Kreis. Der Bischof erteilte uns seinen Segen. Die Schüler hielten Gartenblumen in den Händen und übergaben sie anschließend den Lehrern. Die Schülersprecherin überreichte auch mir eine herrliche weiße Lilie. Darüber habe ich mich besonders gefreut. Es zeigte mir, wie herzlich das Verhältnis zwischen Euch und Euren Schülern ist.

131

Am Nachmittag war der Kollegenausflug an die Grenze nach Weißrussland zu dem Mahnmal und zu den Gräbern der Zöllner, die durch die Kugeln der Russen den Tod fanden, ganz ohne Grund! (Ich kann Eure Besorgnis über die Lage am Kaukasus nachvollziehen!) Ihr legtet dort auf den Gräbern Blumen nieder. – Danach gab es ein Picknick im Freien. Auch wenn ich außerhalb der Fachschaft Deutsch auf Englisch ausweichen musste, fühlte ich mich von Anfang an in Eurem Kollegium herzlich aufgenommen.

Inzwischen sind zehn Jahre ins Land gegangen. Inzwischen seid Ihr eine Schule, an der man das Deutsche Sprachdiplom erwerben kann, um an einer deutschen Universität zu studieren. Das ist eine Auszeichnung für die Fachschaft Deutsch, zu der ich Euch herzlich gratuliere. Für mich endete im vergangenen Jahr der Einsatz bei Euch. Ich habe gern mit Euren Schülern gearbeitet. Alles hat seine Zeit.

Ich hoffe, dass wir uns doch irgendwann wiedersehen, zum Beispiel bei einer Durchreise nach St. Blasien wie damals in Bamberg. Im nächsten Jahr steht Vilnius im Blickfeld der Welt als Kulturhauptstadt Europas. Außerdem ist 2009 ein Jubiläumsjahr, für das sich die Stadt rüstet. Ich habe ein bisschen Sehnsucht nach Vilnius und natürlich nach Euch!

Alles Gute für das neue Schuljahr 2008/2009, Gesundheit und viel Erfolg!

Herzliche Grüße an Euch alle und die Schulleitung!

Eure Anna

Noch am gleichen Tag erreichte mich eine E-Mail von Alma, abgesandt um 20:22

Liebe Anna,
die Zeit vergeht, aber Du gehörst zu uns und bleibst.

Herzlichen Dank für Deinen bewegenden Brief. Heute begann das neue Schuljahr wieder mit dem Gottesdienst in der St. Kasimir-Kirche. Br. Virgilijus (Anm.: Schulleiter) hielt eine kurze Rede.

Anschließend gingen die Schüler in ihre Klassen mit ihren Klassenlehrerinnen. Nach einer Stunde trafen sich alle Kollegen/Innen im Speisesaal an festlich gedeckten Tischen (...) Wir haben dieses Jahr einige neue Lehrer/Innen. Wir Lehrer waren zwei Tage in der letzten Woche im Schullager. Am ersten Tag hatten wir einen Wissenschaftshistoriker litauischer Herkunft aus Kolumbien, der uns einen Vortrag über berühmte Wissenschaftler unter Jesuiten hielt. Am Abend gab uns ein bekannter Schauspieler ein Konzert. Er sang seine Lieder zu poetischen Texten.

Am nächsten Tag hatten wir individuell, in Gruppen und im Forum Reflexionen und tauschten Gedanken über die Aufgaben für das neue Schuljahr aus.

Morgen beginnt der Alltag, der immer intensiver und anstrengender wird.

Im Sommer fährt eine Schülergruppe nach St. Blasien. Wir können so planen, dass wir uns treffen. Bis dahin lassen wir ab und zu voneinander wissen.

Herzlichen Gruß, auch von allen Fachkolleginnen und der Schulleitung!

Alles Beste!
Alma

Diese E-Mails bedürfen keines Kommentars. Ich bin für diese Verbindung unendlich dankbar.

Die Wende 1989

3. Oktober: Nationalfeiertag. Ein willkommener, freier Tag, frei von Emotionen, staubtrocken. Woran liegt das? Warum wird er überhaupt gefeiert, mit Reden und sonst nichts? Auch der jährlich wechselnde »Schwerpunkt« der Veranstaltungen anlässlich dieses Tages kann kaum über die emotionale Leere hinwegtäuschen. Mit dem Beitritt der DDR zur Bundesrepublik Deutschland am 3. Oktober 1990 endete die getrennte deutsche Nachkriegsgeschichte. Deutschland erhielt seine volle Souveränität zurück.[16] Der eigentliche Freudentag der Deutschen war der 9. November 1989. In bangen Tagen davor, in vielen Städten der DDR, stand es auf der Kippe: Ein einziger Stein in einer Schaufensterscheibe im Rahmen der Demonstrationen hätte genügt, um die militärische Maschinerie in Gang zu setzen wie am 17. Juni 1953. Die Alternative: die Freiheit ohne Gewalt! Was keiner zu hoffen gewagt hatte: Die Mauer fiel! Die Grenze war offen! Fremde aus Ost und West fielen sich in die Arme. »Das deutsche Volk war in der Nacht zum Freitag das glücklichste Volk der Welt«,[17] beschrieb der damalige Regierende Bürgermeister von Berlin Walter Momper die Stimmungslage. Ich feierte das Ereignis mit meinen bayrischen Freunden Elisabeth und Rudi, der aus dem Keller eine Flasche Nymphenburger Sekt holte: auf die

---

16 Chronik 1990, hrsg. von Bodo Harenberg, Dortmund 1990, S. 87, weiterhin zitiert als »Chronik«

17 9. November 1989, Der Tag der Deutschen, hrsg. von Brigitte Beier, Ursula Heckel, Gerhard Richter, 1. Auflage Hamburg 1989, S. 3

deutsche Einheit! Auch wir waren in Hochstimmung. Dieser Termin wäre für einen Nationalfeiertag wie geschaffen gewesen, doch die deutsche Geschichte holte uns ein: Am 9. November 1938 waren Synagogen, jüdische Geschäfte und sonstige Einrichtungen von den Nazis zerstört worden. Auf diesen Temin konnte man keinen Freudentag legen. Der »geschmacksneutrale« 3. Oktober war wohl ein Kompromiss.

Die Hochstimmung hielt nicht lange an. Ich schrieb schon Ende November an meine Freundin Annegret in Sachsen: »Die Probleme fangen jetzt erst an.« Durch meine alljährlichen Reisen in die DDR hatte ich ein realistisches Bild von beiden Seiten: Die »blühenden Landschaften« kamen nicht über Nacht. Die Erwartungen waren zu hoch. Woran lag das? Für die DDR-Bürger war die neue Situation ein »Absturz in die Freiheit, auf die niemand vorbereitet war«, wie es meine Freundin Renate in Thüringen formulierte. Aus meiner Sicht bestand ein Problem in der Entfremdung, die in den 40 Jahren der Teilung Deutschlands eingetreten war. Westdeutsche, die keine persönlichen Beziehungen zu Menschen in der DDR hatten, sahen keinen Grund, dorthin zu fahren, schon wegen der restriktiven Bedingungen beim Grenzübertritt. Die meisten Ostdeutschen kannten Westdeutschland nur aus der Perspektive des verbotenen Westfernsehens. Dabei spielte die Werbung für das Bild von Westdeutschland eine nicht zu unterschätzende Rolle. Sie stellte die BRD als eine Art Schlaraffenland dar, in dem alles überall leicht zu bekommen war. Dass alles hart verdientes Geld kostete, war den wenigsten bewusst. Reisen, um die Realität kennen zu lernen, waren ja nur sehr beschränkt möglich, etwa für Rentner. »Pendler« wie ich, die regelmäßig Verwandte und Freunde besuchten, waren in der Minderheit. Leider wurden sie nach der Wende bei wichtigen Fragen nicht zu Rate gezogen. Sie hätten manche Fehlentscheidung verhindern und Gefahren aufzeigen können.

Der Westen war wirtschaftlich überlegen, hatte nach dem Krieg, etwa durch den Marshall-Plan, bessere Startchancen gehabt. Im Osten dagegen wurden im Zuge der Reparationen wichtige Industrieanlagen demontiert und in die Sowjetunion überführt, was neben den dramatischen Folgen des Zusammenbruchs 1945 die wirtschaftliche Notlage nochmals verschärfte. Die Konsequenz war ein Gefühl der Überheblichkeit von der Seite des Westens gegenüber den Menschen im Osten. Äußerungen wie: »Die müssen erst einmal arbeiten lernen«, mussten zu innerem Zorn führen, weil sie das Selbstwertgefühl der anderen Seite verletzten. Die wirtschaftliche Überlegenheit des Westens führte dazu, die eigenen Einrichtungen zum Maßstab aller Dinge zu machen, sie dem Osten »überzustülpen«. Auch das erzeugte Verbitterung. Mangelndes Augenmaß und Fingerspitzengefühl trugen viel zu einem Umschwung der Stimmung ins Negative bei. Ein Übriges taten »Glücksritter« aus dem Westen, die manchen der auf diesem Gebiet unerfahrenen DDR-Bürger ruinöse Käufe und Kreditverträge »aufdrückten«. Besonders bei dem Verlust des Arbeitsplatzes trieb das manchen zur Verzweiflung und in den Tod. (Gewisse S-Bahnstrecken waren dafür bekannt.)

Im Zuge wirtschaftlicher Überlegungen wurden viele Betriebe »abgewickelt«. Manche hätte man durch Modernisierung vielleicht noch retten können. Die Folge war für viele Arbeitslosigkeit. Das war für DDR-Bürger eine Ungeheuerlichkeit, die man nicht kannte. Junge, qualifizierte Kräfte wanderten in den Westen ab, weil sie für sich beruflich bessere Chancen erhofften. Familien wurden zerrissen. Viele DDR-Bürger verloren ihre selbstverständliche Rolle in der Gesellschaft, einen wichtigen Teil ihrer Identität.

Das betraf besonders die Frauen. Ihre Gleichberechtigung war in der DDR selbstverständlich gewesen. Sie hatten bei gleicher Qualifikation ohne Probleme Zugang zu Führungspositionen. Sie konnten Beruf und Mutterschaft leichter vereinbaren, weil es ein dichtes Netz von Tagesstätten für Kinder jeden Alters gab, die sich nach den Arbeitszeiten der Mütter richteten. Das fiel nun weitgehend weg. Es entstand ein kinderfeindliches Klima. Die Zahl der Geburten ging drastisch zurück.

In der DDR wurden Jugendliche in der Freizeit von staatlichen Institutionen betreut, natürlich mit dem Ziel, sie zu vereinnahmen. Auch dafür gab es keinen Ersatz. Die Jugendlichen fielen ins Leere und wurden anfällig für radikale Strömungen oder Sekten.

Inzwischen wird in Westdeutschland – besonders in Rahmen der Entwicklung von Ganztagsschulen – ein warmes Mittagessen in der Schulmensa eingeführt, was früher in der DDR eine Selbstverständlichkeit war. Auch die Kleinkinderbetreuung wird ausgebaut. So hätte es von Anfang an sein sollen: Jeder sollte vom anderen das Gute übernehmen. Diese Angleichung der Verhältnisse sollte endlich auch für die gleiche Bezahlung in Ost und West für die gleiche Arbeit gelten. Damit könnte man dem Neid begegnen, der die Atmosphäre vergiftet. Auch im Westen gibt es arme Gemeinden, die Gelder des Solidaritätspaktes nötiger brauchten als manche Stadt im Osten. Auch im Westen werden Betriebe »abgewickelt« und ins Ausland verlegt. Menschen verlieren dadurch ihren Arbeitsplatz. »Nokia« in Bochum ist nur ein Beispiel.

Viele in den neuen Bundesländern beklagen die soziale Kälte, die um sich gegriffen hat, eine »Ellbogenmentalität«. Es wird dabei oft zu wenig bedacht, wie sehr der frühere Zusammenhalt auch durch die Mangelwirtschaft bedingt war, etwa so: »Bringst du mir Orangen aus dem Konsum mit, dann mache ich inzwischen deinen Schalter.«

Die alten Regeln sind nicht mehr gültig. Neue müssen aufgestellt werden. Welche?

Anlässlich des Staatsaktes zum »Tag der deutschen Einheit« sagte der damalige Bundespräsident von Weizsäcker: »Sich zu vereinen, heißt teilen lernen.«[18] Das gilt noch heute. Teilen sollten wir nicht nur materielle Dinge, sondern auch Erfahrungen und Gefühle. Jeder sollte ein paar Schritte in den Schuhen des anderen gehen, damit die Mauer auch in den Köpfen fällt – in redlicher, wohlwollender Absicht. Westler sollten ihre Arroganz ablegen, Ostler ihr Selbstmitleid und statt dessen Initiative ergreifen im Rahmen der neu gewonnenen Möglichkeiten. Gerade junge Leute tun das schon: Die Tochter meiner Cousine in Rostock studiert mit Freude in Zürich. Ich freue mich jedes Mal, wenn ich Zugschilder lese wie »München – Nürnberg – Dresden«, ohne die schreckliche Grenze überwinden zu müssen. Wenn wir uns das durch die Wiedervereinigung Gewonnene stärker bewusst machen, kann vielleicht auch etwas von der anfänglichen Freude darüber wieder aufleben. Es wäre allen zu wünschen.

Auch in meinem Bewusstsein trat nach der Wende ein Wandel ein. Das betraf besonders meine Einstellung gegenüber meiner Herkunft aus einer Familie des sächsi-

---

18 Chronik 90, S. 89

schen Uradels. Vor der Wende waren meine Gefühle diesbezüglich zwiespältig: Einerseits akzeptierte ich die Forderungen, die sich an meinen Namen knüpften: Adel verpflichtet! Stellte man sich ihnen nicht, war man besonders angreifbar. Ich lebte den Adel also »defensiv«. Meine Erfahrungen waren andererseits weitgehend negativ, was meinen Namen betraf: Schon bei meiner Einschulung in der Sowjetzone hatte man mich von einer höheren Bildung ausgeschlossen. Im Westen war es nicht viel besser: Hatte zum Beispiel jemand meinen Namen nicht vollständig verstanden und wagte ich ihn wegen der Korrektheit, bestimmt nicht aus Adelsstolz mit dem »von« zu ergänzen, so hörte ich manches Mal: »Wohl blaues Blut in den Adern?« (Warum eigentlich blau?), so fand ich das gar nicht witzig. Bei meinen jährlichen Fahrten über die deutsch-deutsche Grenze wurde ich im Osten mit größter Regelmäßigkeit schikaniert. Erinnerungen an Schlösser oder Güter unserer Familie hatte ich kaum, nur an einen kurzen Besuch in Kreipitzsch und auf der Rudelsburg, dem Stammsitz unserer Linie vor 1945, der damals noch dem jüngeren Bruder meines Vaters gehörte. Letzterer hatte darauf verzichtet, sei es, weil er nicht Landwirt war, sei es, weil er keine Söhne hatte wie sein Bruder. Das zweite Schloss der Familie von Schönberg, das ich kannte, war Purschenstein, das ich 1945 unter schrecklichen Umständen erlebt hatte. Diese Erinnerungen waren nicht geeignet, ein positives Bewusstsein in Bezug auf Namen und Familie aufzubauen. Der Name war also für mich eher eine Bürde als eine Würde.

Das änderte sich mit der Wende.

Plötzlich waren die Familiengüter nicht mehr »Schlösser, die im Monde liegen«. Im Gegenteil: Die Gemeinden, denen sie 1945 im Zuge der Enteignung zugefallen waren, zeigten sich – wegen der hohen Unterhaltskosten – sehr interessiert daran, sie wieder loszuwerden, und sei es an die früheren Besitzer. Selbstverständlich war ihnen die Kaufsumme im Gemeindehaushalt hochwillkommen. So kaufte meine Schwester Ilse das Familienschloss Reichstädt (bei Dippoldiswalde) zurück, um es zu sanieren. Wir sahen uns also in der Pflicht. Auch wenn wir nicht alle Schlösser kaufen konnten, so durfte es uns nicht gleichgültig sein, was damit passierte. Für mich musste ein neues Konzept her, den Adel zu leben: ein aktives, aber eins, das der Realität standhielt. Neue Handlungsspielräume galt es auszuloten.

Schicksale von zwei Familienschlössern in Sachsen: Purschenstein / Gemeinde Neuhausen (Erzgebirge)

»Kauf doch Purschenstein!« sagte meine Schwester eines Tages zu mir. Das war illusorisch. Wie sollte ich mit meinem Lehrergehalt ein Millionenobjekt stemmen? Und überhaupt: Purschenstein war für mich mit dem Einfall der Russen 1945 verbunden mit Todesangst. Die wollte ich aber nach der Wende abbauen, und zwar durch Konfrontation mit dem einstigen Ort des Schreckens. So begab ich mich in Begleitung mit meiner Kollegin Ortrud und meinem Neffen Christian von Dresden aus dorthin. Schloss Purschenstein liegt in der Gemeinde Neuhausen im Erzgebirge. Es erschien mir zugleich fremd und doch vertraut. Ich erinnerte mich an die Türme – wie von einem Dornröschenschloss. Wir gingen hinein, auch in das Zimmer, in dem meine Mutter mit uns beiden Kindern

Schloss Purschenstein Neuhausen Erzgebirge

Aufnahme: Bürgermeister Peter Haustein, Neuhausen (Erzgeb.)

gewohnt hatte: ein Durchgangszimmer mit einem grünen Kachelofen und zwei Fenstern gegenüber. Es war genau so, wie ich es in Erinnerung hatte. Ich blieb einen Augenblick lang stehen. Dann ging ich zu dem Kachelofen. Ich öffnete die Tür, genau wie der russische Soldat damals, der, nachdem er sein Gewehr von der Schulter genommen hatte, mit dessen Lauf in der Asche nach Schmuck oder Uhren gesucht hatte. Der Ofen war leer. Langsam schloss ich die Tür – auch hinter diesem Ereignis. Ein böser Bann war gebrochen.

Wie war es Schloss Purschenstein seit 1945 ergangen? Die Chronik von Neuhausen[19] gibt darüber Auskunft.

Meine Verwandten Georg und Horst von Schönberg, denen das Schloss mit Ländereien und Forst gehörte, wurden im September 1945 enteignet und mussten Neuhausen verlassen. In Olbernhau, das wenig entfernt gelegen ist, blieben sie bis zu ihrem Lebensende. Von dort aus konnten sie verfolgen, wie es weiterging.

Zunächst stellte man die Heeresarchive von 1914–1918 und von 1939–1945[20] sowie Teile der Bibliothek des Alpenvereins und der deutschen Bücherei aus Leipzig sicher[21], die, neben Gegenständen aus dem Mineralogischen Museum aus Dresden[22], wegen der Bombengefahr in das Schloss Purschenstein ausgelagert worden waren.

Am 16. November 1946 wurde in einer Kreiskonferenz der SED in Neuhausen beschlossen, Schloss Purschenstein zu einer Kreisparteischule zu machen[23]. Mit einigem Druck wurden die Genossen veranlasst, an einer

---

19 Ortschronik Neuhausen o. J. weiterhin zitiert mit »Chronik N«
20 Chronik N Schreiben vom 18. 10. 1945
21 Chronik N Schreiben vom 6. 09. 1945
22 Chronik N Schreiben vom 17.09. 1945
23 Chronik N S. 1469

solchen Schulung teilzunehmen[24]. Mit einer Beurteilung über eine mögliche Verwendung, die streng vertraulich war, endete der Lehrgang. Schloss Purschenstein hieß also vom 1. 02. 1947 an »Kreisparteischule August Bebel«. 1949 wurde sie wegen Unzulänglichkeiten nach Bieberstein (ebenfalls vormals Besitz der Familie von Schönberg!) verlegt.

Schloss Purschenstein wurde nun an den Caritas-Verband des Bistums Dresden/Meißen verpachtet. Als »Haus Marienruh« beherbergte das Schloss bis April 1956 ein katholisches Kinderheim und die katholische Kirche von Neuhausen[25]. Im Sommer 1956 zog das Kinderheim nach Olbernhau um.

Ab September 1956 begann der Um- und Ausbau des Schlosses zum FDGB-Kreisklubhaus und diente diesem Zweck bis zur Wende.

Exkurs: Feuer in Schloss Purschenstein[26]

Der 3. April 1989 schien ein Montag zu sein wie jeder andere. Revierförster Dietmar Mende in Neuhausen hatte seine 15 Waldarbeiter zum Einteilen der Arbeit versammelt. Es war eine besonders große Gruppe wegen der schweren Umweltschäden, verursacht durch die Abgase, die aus der nahe gelegenen Tschechoslowakei über die Grenze geweht wurden. Plötzlich, um 8.15 Uhr, stürmte ein Waldarbeiter in das Besprechungszimmer und rief: »Feuer im Schloss!«

24 Chronik N S. 1470
25 Chronik S. 1478
26 Dietmar Mende: Brief vom 29. 10. 2008

Umgehend heulte die Sirene, die ein Waldarbeiter im Auftrag von Dietmar Mende einschaltete. Ursache des Feuers war ein Schornsteinbrand[27]. Dietmar Mende war auch Feuerwehrmann und setzte sich mit den inzwischen eingetroffenen Mitgliedern der Feuerwehr dem lebensgefährlichen Nahkampf mit dem Feuer aus. Bald kam auch Unterstützung durch Löschzüge aus der Umgebung, zum Beispiel aus Sayda, Freiberg und Annaberg[28]. Trotz des großen Einsatzes waren die Brandschäden verheerend. Die Bewohner von Neuhausen waren von diesem schrecklichen Ereignis tief betroffen. Doch sie wollten ihr Schloss nicht aufgeben. Es ist Bürgermeister Siegfried Morgenstern zu verdanken, dass er diese Stimmung erkannte und alle Initiativen bündelte, die bestrebt waren, das Schloss wieder aufzubauen. Beispielhaft dafür war Revierförster Dietmar Mende, dessen Initiative auch auf die anderen Bewohner von Neuhausen ausstrahlte. Er schritt zur Tat. Er wies seine Waldarbeiter an, umgehend 70 Festmeter Bauholz aus Fichte zu schlagen, ohne sich um mögliche Querelen der Bürokratie zu kümmern. Schon am 7. April war das Holz im Sägewerk Olbernhau angeliefert. Die Einwohner von Neuhausen hingen an ihrem Schloss: Es war ihnen ein Stück Heimat. Am 10.04. wurde das Holz in Neuhausen angefahren, damit die Bevölkerung sah, dass sich etwas tat. Man hielt zusammen: Sportler, Mitglieder der Baubrigaden, Handwerker: Alle halfen unentgeltlich beim Stapeln der Bretter mit. Manche Sonderschicht wurde eingelegt. Bis zum Herbst 1989 wurde das Dach errichtet, bevor der Winter kam. Kurz vor der Wende, am 20. Oktober 1989,

---

27 Freie Presse 8.04.1989 in: Chronik – FW3/79
28 Chronik N. Fw 3/77

war Richtfest: Die Neuhauser hatten gewonnen! Das wurde von allen gebührend gefeiert, selbstverständlich auch von Revierförster Dietmar Mende.

Mit der Wende fiel das Schloss, das nach dem verheerenden Brand in seiner Hülle wieder hergestellt war, an die Treuhand Vermögensverwaltung. Im Inneren des Schlosses fand man noch die vollständigen Verwüstungen des Brandes. In der Familie von Schönberg sah sich niemand dazu in der Lage, ein so großes Objekt wie Schloss Purschenstein zu schultern. Im Januar 1993 erfolgte die vermögensrechtliche Zuordnung des Schlosses Purschenstein von der Treuhand an die Gemeinde Neuhausen. Viele Nutzungsmöglichkeiten wurden geprüft, ehe man sich für den Umbau zu einem Schlosshotel entschied. Seitens des Regierungspräsidiums Chemnitz wurden Fördermittel zugesagt, und man ermutigte die kleine Erzgebirgsgemeinde, mit den Umbaumaßnahmen zu beginnen. Nachdem die Gemeinde mit Unterstützung des damaligen Landkreises Marienberg über 3,5 Millionen DM investiert hatte, stellte sich heraus, dass die zugesagten Fördermittel nicht fließen werden. Die Gemeinde hatte sich in große Schulden gestürzt. An einen weiteren Ausbau von Schloss Purschenstein war nicht mehr zu denken.

In den Folgejahren musste die Gemeinde viele Tausend DM aufwenden, um dem Verfall des wunderschönen Schlosses entgegenzuwirken. Kleine Erfolge gelangen der Gemeinde Neuhausen durch die Wiedereröffnung der Gaststätte im Rittersaal und die Etablierung einer Motorradausstellung im ehemaligen Saal des Schlosses. Ich war seit 1991 beruflich in Dresden. Mit meinen Klassen fuhr ich nach Sayda und wanderte nach Neuhausen. Das berühmte Nussknacker-Museum fand großen Anklang, besonders der hölzernen Fußballmannschaft wegen. Doch nie versäumte ich, mit meiner Klasse Purschenstein zu besichtigen. Wir besuchten die Motorradausstellung im ehemaligen Festsaal, die besonders die Jungen ansprach.

Bald stellte sich heraus, dass das Schloss nicht von der Gemeinde gehalten werden konnte. Die Gemeinde stand unter enormen finanziellen Zwängen, und es musste ein Käufer gefunden werden. Auch wenn ich materiell nichts beitragen konnte, ließ ich das Schloss nicht aus den Augen und blieb mit der Leitung der Gemeinde im Gespräch. Herr Bürgermeister Haustein informierte mich über den mühevollen Weg, einen solventen und vertrauenswürdigen Käufer zu finden. Hoffnungen zerplatzten immer wieder wie Seifenblasen. Es ist ihm zu verdanken, dass er den Niederländer Herrn Roelof Praagman als Käufer gewinnen konnte[29]. Er wird das Schloss zu einem 5-Sterne-Hotel, die Remisen zu einem Hotel einer günstigeren Kategorie ausbauen. Viele Niederländer lieben das Mittelgebirge. Ich kann mich erinnern, dass wir während unserer Zeit in Großelbe viele Autos aus den Niederlanden beobachteten, die in den Harz fuhren. Zusätzlich lockt das Spielzeug-Dorf Seiffen, das in unmittelbarer Nähe liegt. So wird das Hotel schon von da her Interessenten finden und sich lohnen. War die nahe tschechische Grenze 1968 während des Prager Frühlings für Neuhausen eine Gefahr wegen der heranrückenden sowjetischen Truppen[30], die von

---

29 Dietmar Mende: Beiträge zur Forstgeschichte des Besitzes der Herrschaft von Schönberg auf Schloss Purschenstein zu Neuhausen, Neuhausen 2006, S. 80

30 Dietmar Mende: Unser Erzgebirge unter dem Roten Stern, Neuhausen 2008, S. 55 ff.

dort aus operierten, so ist sie jetzt eine große Chance. Internationale Begegnungen, vielleicht auch Konferenzen und Tagungen können hier einen geeigneten Rahmen finden: in Schloss Purschenstein. Die so wichtige Idee der Völkerverständigung fände dort ihren Raum. Gewinn kann daraus die Gemeinde durch neue Arbeitsplätze und einen wirtschaftlichen Aufschwung ziehen, die so viel für das Schloss getan hat.

Das Schloss gehört unserer Familie nun nicht mehr, aber sie ist ein Teil seiner Vergangenheit. Ich kann es loslassen mit dem Gedanken, dass es auf diese Weise seine bestmögliche Erneuerung und Verwendung erfährt. Unser Wappen, der rot-grüne Löwe auf goldenem Grund, befindet sich auf der Wand des Schlosses.

Heynitz bei Meißen

»So spendet noch immer Segen die Hand
des von Ribbeck auf Ribbeck im Havelland«.
Theodor Fontane[31]

Dieses Gedicht habe ich als Kind geliebt, gelernt und später lernen lassen. Was gefiel mir daran? Es war der alte Ribbeck, der mir sympathisch war.

Fontane zeigt zwei Prototypen des Adels: einmal den alten Ribbeck als einen Vertreter derer, welche die Aufgabe des Adels in der Fürsorge für die Menschen sehen, die ihnen in besonderer Weise anvertraut sind.

---

31 Deutsche Gedichte, hrsg. Echtermeyer/von Wiese, 18. Auflage, Düsseldorf 1990, S. 513

Schloss Heynitz bei Meißen

Aufnahme: Brita v. Schönberg

Als der alte Ribbeck stirbt, betrauern ihn die Bauern und vor allem die Kinder sehr. Der andere Prototyp wird durch den Sohn vertreten:

»Der neue freilich, der knausert und spart,
hält Garten und Birnbaum strenge verwahrt«.

Der junge Ribbeck will haben, nicht geben. Er schottet sich vom Volk ab. Wie man hier sieht, ist das nicht eine Frage des Alters oder der Generation, sondern der Gesinnung. Der Gegensatz ist uralt. Er kennzeichnet zum Beispiel den Konflikt zwischen Elisabeth von Thüringen, die ein Herz für die Armen hat, und ihrem Schwager Heinrich Raspe – Anlass, dass Elisabeth, als der Konflikt eskaliert, als junge Witwe mit ihren Kindern die Wartburg verlässt[32].

Weswegen ich so ausführlich auf diese Alternativen eingehe? Heynitz sollte für mich der Testfall werden, wie ich mich ganz konkret entscheiden würde.

Es ist der Stammsitz der Familie meiner Großmutter Anna von Schönberg, geborene von Heynitz. Mein Vater wurde in Schloss Heynitz geboren und in der Schlosskapelle getauft. Deshalb liegt mir sein Schicksal besonders am Herzen. Ich hatte es ja schon 1945 kennengelernt, als es noch meinem Onkel Benno von Heynitz gehörte. Er hatte dort die biologisch-dynamische Landwirtschaft eingeführt und damit viel für das Wohl seiner Umgebung getan. Wie meine Verwandten in Purschenstein, so wurde auch Onkel Benno im Herbst 1945 enteignet. Mit schwerem Herzen verließ er am 23. Oktober 1945 ge-

---

32 Vgl. dazu. Ortrud Reber: Elisabeth von Thüringen, Landgräfin und Heilige, Regensburg 2006, S. 118 f.

meinsam mit seiner Frau Lore Heynitz. Nie verlor er seinen ehemaligen Besitz aus den Augen.

Wie gingen nun die neuen Eigentümer damit um? Zunächst war es mit Flüchtlingen belegt, auch mit Menschen, die in Dresden ausgebombt waren.[33] Bis zur Gemeindereform 2002, als Heynitz zu Nossen kam, befand sich in Schloss Heynitz das Bürgermeisteramt. Als die Flüchtlinge ausgezogen waren, beherbergte das Schloss einen Kindergarten und die Grundschule. Bis zur Wende befand sich auch die Polizeistation darin.

Ab 2002 war die Gemeinde Nossen Eigentümerin des Schlosses und musste sich Gedanken machen, was damit werden sollte. Auf die Dauer wurde der Unterhalt für die Stadt zu teuer. Sie suchte einen Käufer. Ein Interessent für den Kauf wohnte als Mieter in dem Schloss. Wenn das Schloss nicht für die Familie verloren sein sollte, mussten wir rasch handeln. Niemand von uns konnte die Kaufsumme allein aufbringen. So schlossen wir uns zu einem Förderverein zusammen und kauften 2004 Schloss Heynitz gemeinsam mit dem Ehepaar Dr. Eike und Elisabeth von Watzdorf, welche die Aufgabe der Betreiber übernommen haben. Die Gemeinde Nossen erteilte unserer Käufergemeinschaft den Zuschlag: Schloss Heynitz war für die Familie gerettet! Nun tragen wir die Verantwortung für sein Schicksal.

Auch im Förderverein gab es die beiden Grundeinstellungen, die ich oben charakterisiert habe: die einen, die der Familie klar den Vorrang einräumten, die anderen, darunter ich, die sich vor allem dem Gemeinwohl verpflichtet fühlen, wie es auch der letzte Besitzer getan

---

33 Näheres dazu: von Heynitz, Benno: Das Haus Heynitz, Hannover 1977, S. 69 ff.

hat. Die zweite Richtung gewann die Oberhand bei der Bestimmung, welchen Zweck Schloss Heynitz mit seinen Nebengebäuden künftig erfüllen soll. Sie erscheint auch zukunftsträchtiger. Die Tatsache, dass das Schloss in einem strahlungsarmen Tal liegt, gab uns die Richtung vor: Es soll ein Ort sein, an dem sich elektrosensible Menschen wohlfühlen und erholen können. Außerdem werden Tagungen und Seminare für eine gesunde Lebensweise veranstaltet. Der Demeter-Hof, der mit Schloss Heynitz benachbart ist, bietet dafür eine sinnvolle Ergänzung. Ein Konzertprogramm im Kapellensaal fügt sich in das Konzept ein. Das Schloss soll in Kürze für Kammerorchester oder kleinere Ensembles für intensive Probezeiten zur Verfügung stehen, umgeben von einem Park und der Stille der Landschaft. Ein Appartement ist vorwiegend für die Familie gedacht, kann aber bei Bedarf auch kurzfristig anderweitig vergeben werden. Wir haben noch einen weiten Weg gemeinsam zu gehen, um das Ensemble Schloss Heynitz zu entwickeln, aber wir tun es voll Zuversicht. Neulich feierten wir im Kapellensaal ein Familienfest. Der Dorfchor von Heynitz brachte uns ein Ständchen. Er probt wöchentlich im Gelben Saal des Schlosses. In der Adventszeit veranstaltet er ein weihnachtliches Konzert. Das stimmt mich hoffnungsvoll. Der Bürgermeister von Nossen steht unseren Plänen wohlwollend gegenüber.

Ich habe Heynitz 1945 als Ort der Trauer erlebt und bin dankbar, wenn ich mit dafür den Anstoß geben kann, dass es zu einem Ort der Gesundheit und der Lebensfreude wird.

An Purschenstein und Heynitz konnte exemplarisch gezeigt werden, wie sich das Schicksal von Schlössern nach der Wende gestaltete. Es gibt noch andere Varian-

Hochzeit auf Schloss Reichstädt (Kreis Dippoldiswalde)

Aufnahme: Brita v. Schönberg

ten. So kaufte und entwickelte meine Schwester als Besitzerin und Betreiberin das Familienschloss Reichstädt. Sie vermietet den Festsaal für große Feiern, meist Hochzeiten. Einige Appartements sind für Übernachtungen eingerichtet. Ein Teil ist an eine Familie auf Dauer vermietet. Die Restaurierungsarbeiten sind noch lange nicht abgeschlossen. Es gehört viel Mut dazu, sich dieser riesigen Aufgabe zu stellen. Ein anderes ehemaliges Schloss unserer Familie Schmochtitz gehört der katholischen Kirche. Sie hält darin Tagungen und ähnliche Veranstaltungen ab. Manche Schlösser wurden zu Jugendherbergen, wie zum Beispiel zeitweise Frauenstein. Schloss Nossen birgt ein Museum. Es finden dort verschiedene Ausstellungen statt.

Traurig ist das Schicksal der Schlösser, um die sich niemand mehr kümmert. Sie dämmern mausgrau vor sich hin und trauern um vergangene Zeiten, als sie noch einen Besitzer hatten, der sich für sie verantwortlich fühlte. Manche Gemeinden tun das nicht und investieren nur so viel Geld, dass die Gebäude nicht zusammenstürzen.[34] Man kann nur hoffen, dass – wie im Märchen – doch noch ein Prinz kommt und sie zu neuem Leben erweckt.

---

34 Wer sich für das Schicksal einzelner Schlösser in Sachsen interessiert, sei auf folgende Veröffentlichungen verwiesen:
Donath, Matthias: Schlösser in der Sächsischen Schweiz und im Osterzgebirge, 1. Auflage, Meißen 2006
Donath, Matthias: Schlösser zwischen Elbe und Mulde, 1. Auflage, Meißen 2007

Wiedererrichtung des St. Benno-Gymnasiums in Dresden (1991–1996)

»Wenn Deutschland ein wiedervereinigtes, freies Land würde, ginge ich nach Dresden, um dort zu unterrichten«, sagte ich eines Tages zu den staunenden Kollegen in Altötting, denn an die Wiedervereinigung Deutschlands glaubte niemand, ich auch nicht. Doch am 9. November 1989 fiel die deutsch-deutsche Mauer in einer friedlichen Revolution. Die Konjunktive schlugen in Indikative um. Eines Tages erschien im Amtsblatt und in der Zeitschrift des Philologen-Verbandes folgende Anzeige:

Für den Wiederaufbau des St. Benno-Gymnasiums in Dresden werden Kollegen mit folgenden Fächern für das Schuljahr 1991/92 gesucht: Religion, Geschichte, Latein, Englisch mit beliebigem Beifach. Bewerbungen sind zu richten an das Bischöfliche Ordinariat in Dresden.

St. Benno-Gymnasium? Wiedererrichtung?

Dazu einige erklärende Worte:

Nach seiner Konversion zum Katholizismus brauchte August der Starke für seine Gottesdienste Kapellknaben. Sie wurden in einem Internat untergebracht, verbunden mit einer Schule, die etwa einem Gymnasium entsprach. Diese Gründung feiert im Jahr 2009 ihren 300. Geburtstag. Das war der Kern des späteren St. Benno-Gymnasiums. Bis 1939 hat diese Schule bestanden. Dann schloss sie Hitler – aus ideologischen Gründen. (Auch mein Vetter Christian von Schönberg war dort Schüler gewesen und wurde später Priester.) Zurück blieben nach der Aufhebung der Schule Schüler, die in den Wirren des Krieges und der Nachkriegszeit heranwuchsen. Manche wurden bekannte und einflussreiche Männer in Westdeutschland. Diese wandten sich 1990

St. Benno Gymnasium Dresden

Aufnahme: Brita v. Schönberg

an Bischof Reinelt in Dresden mit dem Wunsch, das St. Benno-Gymnasium möge wieder errichtet werden. Guter Rat war teuer bei den wenigen Katholiken in Sachsen. Doch es fand sich ein Weg. Da gab es das Grab des heiligen Benno (um 1010–1105/7) in der Frauenkirche in München. Er war Bischof von Meißen gewesen und wegen der Reformation nach München umgebettet worden, da man um seine Gebeine im Meißener Dom fürchtete. Bischof Reinelts Amtsbruder Kardinal Wetter sah darin einen Grund, hilfreich einzugreifen, finanziell und personell. Er setzte sich mit dem Kultusministerium in München in Verbindung. Denn manche Fächer waren in der Erweiterten Oberschule in der DDR, die zum Abitur führte, nicht mehr präsent, zum Beispiel Religion oder Latein (nur noch an neun Schulen in der DDR). In Fächern wie Geschichte oder Sozialkunde war das Studium in der DDR ideologisch so eingefärbt, dass die Kollegen mit einer solchen Ausbildung an einem christlichen Gymnasium wie St. Benno nicht eingesetzt werden konnten. Man brauchte für diese Fächer Kollegen aus dem Westen, etwa aus Bayern: Anlass für die oben erwähnte Anzeige.

Ich meldete mich, weil ich das Meine dazu beitragen wollte, dass die Stadt Dresden nach dem furchtbaren Akt der Zerstörung am 13. Februar 1945 wieder aufgebaut wurde. »Sie sind verrückt«, sagte einer meiner Kollegen, »wo andere schon die Tage bis zu ihrer Pensionierung zählen!« – »Ja«, antwortete ich ungerührt und ging. Es gab ein Abschiedsessen mit aufmunternden Worten und einem »Überlebenskoffer«, gefüllt mit bayerischen »Schmankerln« und der neuesten Ausgabe des »Altöttinger Liebfrauenboten«. Offenbar machten sich meine Kollegen große Sorgen um mich.

Es war ein Sprung in ein Abenteuer. Wir mussten das Leben der neuen Schule und unser Leben neu einrichten: eine Herkulesaufgabe! Am Tag vor dem Beginn des Schuljahres 1991/92 fanden wir uns in dem Schulgebäude in der Louisenstraße ein. Die Renovierung war in einer Rekordzeit gerade abgeschlossen. Baustaub wirbelte durch die Luft, als wir ankamen. Die Kollegen schleppten Schulmöbel in die Klassenzimmer. Wir Frauen registrierten und stempelten Schulbücher. Wir wollte ja am nächsten Tag mit unserer Arbeit anfangen. Ziemlich müde kehrten wir abends heim.

Heim? Wohin? Alle Wohnungen waren bewirtschaftet, noch kaum ein Gebäude war saniert. Man musste auf einer Warteliste für Wohnungssuchende stehen, besser noch auf zweien: eine gab es zusätzlich für Helfer aus dem Westen. Außerdem war es ratsam, sich selbst nach Wohnungen umzuschauen, was uns bald zu einer guten Kenntnis des Dresdener Straßenbahnnetzes verhalf. Vorläufig hatten uns die Nazareth-Schwestern in Goppeln bei Dresden in ihr Haus aufgenommen. Wir drei von dem halben Dutzend Bayern hatten dort unser möbliertes Zimmer. Mit Frühstück und Abendessen wurden wir versorgt, wenn wir wollten. Mein Kollege Günter Mahr aus Bamberg und ich machten gern davon Gebrauch. Wir ließen den vergangenen Tag an uns vorbei ziehen mit allen Hürden, die er gebracht hatte. Das Essen zog sich so in die Länge. Schwester Bartholomäa hörte uns geduldig zu und sorgte für uns wie eine Mutter, bis wir kurz vor Weihnachten eine Wohnung in einem neu errichteten Plattenbau fanden – als Nachbarn.

Morgens gegen 6.30 Uhr fuhren wir mit der Buslinie 75 bis zum Lenné-Platz, stiegen dann in die Straßenbahnlinie 13 um und fuhren bis zur Schule. Nicht immer klappte alles. So blieb an unserem ersten Schultag, als sich alle vor dem Gebäude auf dem Schulhof versammeln sollten, Linie 13 auf der Albert-Brücke stehen. Wir mussten den Rest des Weges laufen und kamen – zu spät! Das Lehrerkollegium stand auf der Schultreppe. Wir waren nicht dabei. Verschämt reihten wir uns hinten ein. So schauten die Schüler vergeblich nach uns aus: Wir standen ja hinter ihnen.

Dann begann der Alltag, und der war hart. Wir hatten zunächst die Klassen 7 bis 10 aufgenommen, springlebendige Teenager. »Freiheit, die ICH meine!« dachten manche und ließen uns mit unseren Anweisungen wie Laternenpfähle stehen. Andrerseits waren wir Lehrer natürlich bestrebt, einen geordneten Schulalltag zu etablieren und ein Regelsystem durchzusetzen – notfalls mit harten Maßnahmen. Das stieß weder bei den Schülern, noch bei manchen Eltern auf Verständnis. Wir mussten uns »zusammenraufen«.

Auch für uns als Kollegen suchten wir Regeln, um auf einen Nenner zu kommen. Wir waren ja eine gesamtdeutsche Mannschaft mit ganz verschiedenen Vorgeschichten. Das klappte erstaunlich gut, weil wir ein gemeinsames Ziel hatten: eine Schule mit einem christlichen Wertesystem aufzubauen. Dennoch war die »Feinarbeit« in den Fachschaften mühsam. Manche waren nur mit Kollegen aus Dresden besetzt: zum Beispiel Mathematik, alle Naturwissenschaften und Sport. Fachschaften mit Kollegen nur aus Westdeutschland waren Religion, Geschichte, Sozialkunde und Latein. Die anderen waren gemischt, zum Beispiel Deutsch. Da ich durch meine regelmäßigen Kontakte zur früheren DDR auch die dortige Literatur kannte, wurde mir die Leitung dieser Fachschaft übertragen. Meine erste Aufgabe bestand darin, einen für unsere Schule brauchbaren Lehrplan zu erstellen, damit wir koordiniert arbeiten konnten. Vom Ministerium gab es noch keinen: Wir waren wohl das erste Gymnasium im herkömmlichen Sinne, das in Dresden funktionierte. So nahm ich die Lehrpläne von Bayern von 1990 und von der DDR, 1988 unter der Regie von Margot Honecker erstellt, und mischte daraus einen Lehrplan Deutsch, kompatibel für St. Benno. Es war leichter, als ich gedacht hatte. Fest steht, dass jeder Berichte, Inhaltsangaben, Protokolle und Erörterungen mit einer Gliederung schreiben können muss. Diskutieren konnte man allenfalls, ob ein Jahr eher oder später. Manchmal aber hielt ich die Luft an, etwa bei der Lektüre des Pensums für die 8. Klasse in dem Lehrplan der einstigen DDR: »Beurteilen eines Mitschülers: Die Schüler lernen, einen Mitschüler zu einem bestimmten Zweck (zum Beispiel im Hinblick auf eine Eignung für einen bestimmten Zweck) schriftlich zu beurteilen.«[35] Das in der 8. Klasse, in der die Schüler durch die Vorbereitung auf die sozialistische Jugendweihe ideologisch »auf Hochglanz poliert« waren! Es war eine Anleitung für künftige STASI-Mitarbeiter und ähnliche Kollaborateure des Systems. Was für eine Atmosphäre muss in einer Klasse entstehen, wenn niemand weiß, wer wen wie beurteilt! Und was für eine Situation für die Lehrer! Aber wahrscheinlich waren diese so »linientreu«, dass sie das gar nicht als menschenverachtend empfanden. Wir hatten uns darauf geeinigt, über den Literatur-Kanon per Umlauf abzustimmen, um eine der zahlreichen Konferenzen einzusparen. Auch das ging einvernehmlich vonstatten.

---

35 Lehrplan: Deutsche Sprache und Literatur (Muttersprachenunterricht), Verlag Volk und Wissen, 5. Auflage Berlin 1988.

Für unsere Schule brauchten wir ein Haus, denn das Gebäude in der Louisenstraße war gemietet und nur ein Provisorium. Unser »geistliches Haus« war die Kathedrale: Das war bei dem feierlichen Eröffnungsgottesdienst allen klar geworden, den Bischof Reinelt hielt. Er stellte ihn unter das Wort: »Wo der Herr nicht das Haus baut, so bauen umsonst, die daran bauen« (Psalm 127, 1). Schon im zweiten Jahr wurde das Gebäude wegen der Schüler der 5. und 6. Klasse, die wir aufnahmen, zu eng. Wir mussten deshalb in einer anderen Schule eine Etage mieten, damit alle unterkamen. Diese Schule lag in der Südstadt, in der Nähe der Lukas-Kirche. Man brauchte eine Schulstunde, um von dem einen zu dem anderen Gebäude zu wechseln. In dem zweiten Gebäude wurden Zahnarzthelferinnen ausgebildet, die so ganz anders strukturiert waren als unsere Schüler der Klassen 5 bis 8, die im obersten Stockwerk unterrichtet wurden. Ich hatte unsere Filial-Schule zu leiten. Mein Stellvertreter Franz-Josef Fischer (Mathematik und Physik) und ich verstanden uns prächtig. Zwischen uns passte kein Löschblatt. Die Schüler wussten das: Es war ganz gleich, wem sie zuerst in die Hände liefen, wenn sie etwas angestellt hatten. Sehr hilfreich war unser Hausmeister mit seinem listigen Blinzeln. So gab er uns Tipps, wo unsere Achtklässler rauchten. Vor allem mussten wir Frieden halten zwischen unserem »Kleintierzoo« (wobei sich unsere Achtklässler manchmal für Elefanten hielten!) und den zarter besaiteten jungen Damen und deren Lehrern der anderen Schule.

Unser Schulbau in der Dürer-Straße machte langsamere Fortschritte, als wir gedacht hatten. Auf dem Grundstück der künftigen Schule hatte nämlich früher die Johannes-Kirche gestanden. Sie war am 13. Februar

1945 den Bomben zum Opfer gefallen. Stehen geblieben war der Turm, den die Kommunisten nach dem Kriege sprengten. Um der Sicherheit willen war es also nötig, für einige Monate Kontrollstäbe in die Erde zu stecken, um festzustellen, ob noch explosives Material im Boden vorhanden war, bevor man anfing zu bauen. Aus sieben anonymen Entwürfen von Architekten hatte man den von dem bekannten Architekten Benisch ausgewählt. Die Schule wuchs: bunt und fröhlich sieht sie aus. Sie hat auch eine Kapelle für kleinere Gottesdienste und für Zeiten des Rückzugs aus dem Schullärm.

Als die Schule gerade fertig war, mussten einige Kollegen und ich nach Westdeutschland zurück. Wir waren ja nur »ausgeborgt«. Unsere Zeit war abgelaufen. Wir waren wohl nach den Regelungen für den Auslandsschuldienst nach Dresden geschickt worden, weil es keine anderen gab. Für eine Wiedervereinigung Deutschlands hatte man diesbezüglich nicht vorgesorgt, und man musste 1990/91 sehr schnell handeln. »Auch Mose hat das gelobte Land nur von weitem gesehen«, sagte ich, »und wir sind doch viel geringer als er.« So haben wir zwar in der neuen Schule nicht mehr unterrichten dürfen, doch es gab auf ihrem Dachgarten eine zünftige bayerische Abschiedsfeier, die bis tief in die Nacht dauerte.

Die Schule läuft gut und ist begehrt. Auch der Geburtenrückgang änderte nichts daran, dass es immer viel mehr Anmeldungen gibt, als Fünftklässler aufgenommen werden können. Partnerschaften mit ausländischen Schulen sind entstanden. Die erste mit Dänemark habe ich installiert.

Die Verbindung mit Dresden ist nicht abgerissen. Zu allen Veranstaltungen sind wir herzlich eingeladen und

willkommen, sozusagen als ein Teil des gesamtdeut-
schen »Urgesteins« von St. Benno.

Wiedererrichtung der Frauenkirche in Dresden – Akt der Versöhnung

Wir sitzen in dem »Zelt der Stille«, einem weißen Zelt,
gedacht für Augenblicke der Besinnung und des Gebetes.
Wir: Ortrud, eine Kollegin, und ich, sitzen auf den Gebet-
bänkchen, die ich von meinen Besuchen in Taizé (Frankreich) her kenne. Dort beten vor allem junge Leute aus
allen Nationen für Versöhnung und Frieden. Das Zelt
steht nicht weit entfernt von der Frauenkirche, genauer:
von den Steinen, die von dem Inferno 1945 noch übrig sind
und ihrer Verwendung im Neubau der Kirche harren.

Die Frauenkirche!
Sie hatte den furchtbaren Brand am 13. Februar 1945
scheinbar überstanden, den ich von Wunschwitz aus
gesehen hatte. Doch sie trug den Keim des Untergangs
in sich: Am 15. Februar stürzte sie in sich zusammen.
Übrig blieb ein Trümmerberg, eine Ruine.
Sollte das so bleiben?
»Ja«, sagten die einen, »man soll an das Geschehene
denken, wenn man die Ruine sieht. Nie wieder Krieg!«
»Nein«, sagten die anderen. »Eine Ruine hilft uns
nicht weiter. Es muss einen Neubeginn geben, für die
Frauenkirche und für uns.« Viele dieser Stimmen kamen
aus Großbritannien[36] und den U.S.A., also aus den Län-

---

36 Ludwig Güttler (Hrsg.): Der Wiederaufbau der Dresdener Frauenkirche, 2. Auflage, Dresden 2007, S. 332, weiterhin zitiert »Güttler«

Frauenkirche Dresden 2008
Aufnahme: Brita v. Schönberg

dern, deren Flugzeuge die tödlichen Bomben über Dresden abgeworfen hatten. So konnten die Stimmen, die »ja« sagten zu einem Wiederaufbau, immer weniger überhört werden. Es gab viele Benefiz-Konzerte, so von Ludwig Güttler mit seiner Trompete, der mit ganzem Herzen hinter dem Wiederaufbau der Kirche stand – gegen alle Widerstände, die gerade auch aus kirchlichen Kreisen kamen[37]: Andere Aufgaben seien dringlicher, und überhaupt: Woher sollte eine Gemeinde kommen? Etwa aus dem Hilton-Hotel gegenüber? Schließlich votierte die Evangelisch-lutherische Landessynode am 18. 03. 1991 doch für den Wiederaufbau der Frauenkirche[38]. Auch ich war für den Wiederaufbau, weil es ein Werk der Versöhnung werden sollte. Auch ich kaufte einen Stifterbrief, den die Dresdener Bank herausgab. In dem weißen »Zelt der Stille« hoffte ich inständig, das Werk möge gelingen.

Und es gelang.

Der 23. 12. 1993 war ein denkwürdiges Datum, sozusagen eine »Zwischenstation« auf dem Weg dorthin. Zum ersten Mal war der freigelegte Altar für die Öffentlichkeit sichtbar. Im Laufe des Tages strömten 20 000 Menschen dorthin. Lichter wurden entzündet. Es war ein eisiger Tag. Der Nordwind fegte durch die Straßen und konnte uns doch nicht hindern. Diese Menschenmenge! Die Bewegung zum Aufbau hatte eine unglaubliche Eigendynamik entwickelt: Die Dresdener und viele andere wollten »ihre« Frauenkirche! Auch ich reihte mich in die

---

37 Güttler S. 332

38 Die Frauenkirche zu Dresden, hrsg. von der Stiftung Frauenkirche Dresden aus Anlass der Weihe der Frauenkirche am 30. Oktober 2005, Zeittafel auf der Rückseite des Umschlags weiterhin zitiert: »Stiftung Frauenkirche«

Schlange ein. Es war schon 22 Uhr. Trotzdem: Niemand wich der Kälte. Vor mir sprach jemand französisch. Eine Stimmung der Heiterkeit lag über der Ruine, die bald keine mehr sein sollte. Wir zogen die Kapuzen hoch, die Mäntel enger, bis wir vor dem Altar standen und unsere Kerzen davor niedersetzten.

Errichtet aus dem goldgelben sächsischen Sandstein wuchs der Bau immer höher. Die schwarzen Steine der früheren Kirche wurden dort eingefügt, wo sie vor der Zerstörung ihren Platz hatten: eine gelungene Lösung! Nichts wurde vertuscht, jeder sah, was sich zugetragen hatte. Keine Verleugnung der Vergangenheit! Ein Neuanfang – mit dem Bekenntnis zur Vergangenheit!

Als ich 1996 Dresden verließ, war die Kirche noch nicht fertig, doch konnte ich einen der ersten Gottesdienste in der Unterkirche miterleben. Ende 2004 war es soweit: Die Kirche in ihrer äußeren Form war vollendet. Am 23. Dezember war das traditionelle Adventssingen unter freiem Himmel vor der Frauenkirche. Ich war etwas spät dran und bekam kein Liederblatt mehr ab. Neben mir stand ein altes Ehepaar. Ich bat, mit hineinschauen zu dürfen. In einem kurzen Gespräch stellten mein Nachbar und ich fest, dass wir beide die Brandnacht am 13. Februar 1945 miterlebt hatten, wenn auch aus unterschiedlichen Perspektiven. Nun sahen wir sie vor uns: die steinerne Glocke in ihrer Pracht, die Frauenkirche! Sie war von innen erleuchtet wie ein riesiger Adventskalender. Unbeschreibliche Freude und Genugtuung erfüllten uns beide bei diesem Anblick. Wir sangen mit Leib und Seele. Der Regen störte uns nicht. Eine tiefe Wunde fand ihre Heilung. –

Die innere Pracht der Frauenkirche durfte ich am 1. Weihnachtstag 2005 bei einem Kantaten-Gottesdienst erleben. Draußen strahlte die Sonne, die den Raum durch die Fenster festlich erleuchtete. Die Kirche war bis zum letzten Platz gefüllt. Um eine fehlende Gemeinde wird man wohl – auch wegen des reichen musikalischen Programmes – nicht bangen müssen. Sie kommt aus aller Welt.

Das kleine weiße Zelt neben der Frauenkirche gibt es nicht mehr. Es hat seinen Zweck erfüllt. Dafür wird unter der mächtigen steinernen Glocke für den Frieden gebetet.

Nachtrag: Versöhnung konkret

Im Sommer 2003 sollte ich Gelegenheit haben, meiner Freundin Margaret aus England mit ihrer Tochter und Enkelin Dresden zu zeigen. An Margaret schreibe ich schon länger als 50 Jahre. Bei den ersten Briefen an sie hatte mir noch mein Vater geholfen. Nun besuchte sie eine Nichte in Frankfurt, die dort mit einem Deutschen verheiratet ist. Wir wollten uns treffen. Das war aber nur in Dresden möglich, weil ich zu der Zeit bei meiner Schwester in Schloss Reichstädt einhütete.

Die einfachste und billigste Art, die Stadt kennen zu lernen, ist die Fahrt mit den öffentlichen Verkehrsmitteln. Ich kannte mich ja aus. Von »Pfunds Molkerei« bis Schloss Pillnitz war alles dabei. Unsere Rundfahrt endete im Zentrum mit dem Zwinger und der Frauenkirche. Wir standen davor: In ihrer äußeren Form war sie fast fertig. Für mich galt es nun, eine Balance zwischen Freundschaft und Wahrhaftigkeit zu finden. (Ob meine englische Freundin Doreen damals Ähnliches empfunden hat, als ich mit ihr in der von den Deutschen zerstörten Kathedrale von Coventry stand? – Mich hatte sehr beeindruckt, dass in einer Seitenkapelle Bilder von der zerstörten Stadt Dresden ausgestellt waren.) Bei strahlender Sonne leuchtete das Turmkreuz von der Kuppel in den blauen Himmel. Ich lenkte die Aufmerksamkeit meiner Gäste auf diesen herrlichen Anblick. Es ist eine Spende aus Großbritannien, übergeben von dem Herzog von Kent am 1. Februar 2000[39]. Der Goldschmied Alan Smith hatte es gearbeitet. Er ist der Sohn einer der Piloten, der am 13. Februar 1945 die tödliche Fracht über Dresden abgeworfen und dieses nie verwunden hatte. Wir blickten nachdenklich und schweigend auf die Kirche: In dem strahlend hellen Sandstein stachen die dunklen Steine der zerstörten Vorgängerin deutlich ab. Wir hatten wohl den gleichen Gedanken: »Lasst uns Schluss machen mit der dunklen Vergangenheit!« Margaret kaufte zwei Ansichtskarten von der Frauenkirche: eine, die sie vor der Zerstörung zeigt, und eine von dem goldenen Turmkreuz.

---

39 Stiftung Frauenkirch, a. a. O. Zeittafel auf der Rückseite des Umschlags

Rede anlässlich meiner Verabschiedung aus dem Schuldienst (2000)

1996: Der Freistaat Bayern nahm mich wieder in seine Dienste, aber nicht in Altötting, wo man keine Verwendung für mich hatte, sondern in Günzburg. »Ständige Vertreterin des Schulleiters« am Dossenberger-Gymnasium war ich dort bis zum Ende meiner Dienstzeit. Gemeinsam mit dem Sekretariat und dem Hausmeister ist man für alles Mögliche zuständig, was nötig ist, damit der Schulalltag reibungslos funktioniert, »hinter den Kulissen«. Das betrifft auch den Zustand des Gebäudes. In meiner Amtszeit waren fast alle Fachräume und die Eingangshalle zu renovieren. (Auch ein Chemieraum kann optisch ansprechend gestaltet werden, ohne dass es mehr kostet!) Natürlich hat man Unterricht, wenn auch ein geringeres Stundendeputat als die Kollegen mit Vollzeit. Ist der Schulleiter abwesend, so muss der »Ständige Vertreter« von ihm sämtliche Funktionen übernehmen.

Eines Tages fand diese arbeitsreiche Phase meiner Dienstzeit ein Ende.

Am Freitag, dem 7. Juli 2000 in der 6. Stunde fand die Feier meine Verabschiedung statt.

Das Wort »Dienstzeit« brachte mich auf das Thema meiner Rede.

»Verehrte Gäste, liebe Kolleginnen und Kollegen, liebe Schülerinnen und Schüler!

Nun ist die Stunde meiner Verabschiedung da. Ich kann es noch nicht recht glauben, denn ich komme gerade aus der 7b Latein (Ordnungszahlen) und habe mit dem Abschluss des Schuljahres noch einige anstrengende Dienstwochen vor mir. Aber immerhin, jetzt ist ein Fixpunkt, um über meine Situation nachzudenken.

Fast vier Jahrzehnte bin ich im Schuldienst, immer im 45-Minuten-Takt, im Rhythmus des Schuljahres, zweieinhalb Jahre im Rhythmus des akademischen Jahres an der Universität Bangor, Großbritannien. Die Zeit ist schnell vergangen. Doch was ist die Zeit?

Zeit ist der Rahmen unserer Endlichkeit, in der wir zwischen Geburt und Tod eingespannt sind, eine Strukturierung aller Abläufe in Vergangenheit, Gegenwart und Zukunft.

Vergangenheit hinterlässt Erinnerungen, sozusagen »geronnene« Zeit, sie ist nicht umkehrbar: »Praeterita non mutantur« (Vergangenes ist nicht zu ändern.). Erinnerungen färben unsere Haltung in der Gegenwart, dem flüchtigsten Element der Zeit: Kaum vorausgesehen, rinnt sie durch unsere Finger und wird zur Vergangenheit. Manche Menschen leben an ihr vorbei, nehmen sie nicht bewusst wahr. Und doch ist sie unwiederbringlich. Zeit hat man oder auch nicht, Zeit nimmt man sich, Zeit vergeht, Zeit vergeudet man, schlägt man tot, Zeit stiehlt man jemandem.

Zeit ist also etwas sehr Zentrales in unserem Leben. Wenn ich jemandem 100 Euro stehle – so ein Buch über Zeitmanagement – kann das Geld zurückgegeben, der

Schaden geregelt werden. Gestohlene Zeit ist nicht zu ersetzen, sie geht von unserem Leben ab. Rechne ich ein Durchschnittsalter von 78 Jahren als meine Lebenserwartung hoch, so habe ich noch 18 Jahre vor mir. Die Kinder, die jetzt geboren werden, erlebe ich vielleicht nicht mehr als Abiturienten. Darum: Wehe, wer mir meine Zeit stiehlt! Wer mir Zeit wegnimmt, müsste also wissen, warum. So geht es mit allen Menschen: Wir tragen eine große Verantwortung, wenn wir in den Zeitlauf eines fremden Lebens eingreifen. Das gilt in hohem Maße für uns Lehrer. »Ich habe Sie mal in einer Vertretungsstunde gehabt«, sagte mir neulich ein ehemaliger Schüler bei einem Schultreffen in Altötting. »Sie können mich nicht kennen, aber ich kenne Sie!« Was in aller Welt habe ich damals mit den 45 Minuten dieser Kinder gemacht, die mir für diese Zeit in meine Hand gegeben waren?

Je höher wir in der Hierarchie steigen, desto mehr Verantwortung für die Zeit der von uns bestimmten Menschen tragen wir. Nicht zuletzt werden wir, etwa als Schulleiter, von unseren Kollegen und Mitarbeitern danach beurteilt, wie wir mit deren Zeit, also der Zeit anderer, umgehen. Mögen wir uns nicht als dunkle Punkte in deren Erinnerung wiederfinden! Wir sollen kreativ mit der Zeit umgehen. Dazu gehört auch, dass wir unsere Zeit bewusst einsetzen, um positive Erlebnisse und damit positive Erinnerungen zu schaffen, zum Beispiel im Rahmen von Schulfeiern. Lichte Erinnerungen sind wie Leuchtbojen, die uns in dunklen Zeiten Orientierung und Trost geben.

Zeit kann also konstruktiv sein und menschliche Beziehungen aufbauen, Zeitmangel zerstört sie. Ich denke dabei an ein Gespräch mit meinem Arzt. Er beklagte sich darüber, dass er wegen der Bürokratie zu wenig Zeit für seine Patienten habe. Ich weiß das auch von Krankenschwestern: Jeder Atemzug, jeder Pulsschlag muss registriert und analysiert werden, auf dass alles einklagbar sei. (Dabei ist absolute Transparenz auf Grund des menschlichen So-Seins ohnehin nicht zu erreichen!) Besser wäre es doch, durch Zeit zum Gespräch das Vertrauen des Patienten zu gewinnen, das Klagen unnötig macht. Ganz ähnlich im schulischen Bereich: keine Statistik, der man nicht noch eine Kolumne mit Zahlen hinzufügen kann! Können diese Zahlen nicht gezielt vom Kultusministerium abgerufen werden, anstatt dass unsere Zeit, die auch vertrauensbildend für das Verhältnis zwischen Schülern, Eltern, Kollegen eingesetzt werden sollte, auf diese Weise zweckentfremdet wird?

Ich komme zu dem Aspekt der Zukunft. Jeder Mensch ist in eine geschichtliche Konstellation hinein geboren, die ihm bestimmte Pflichten auferlegt. Ich habe das Ende des Zweiten Weltkrieges noch bewusst miterlebt, stehe aber in meinem Beruf der Generation nahe, welche die Zukunft prägt. Als ich einmal einen ehemaligen Schüler fragte, in welchen Gegenstand er mich verwandeln würde, antwortete er spontan: »In eine Brücke!« Mich hat das Bild gefreut, und ich nehme es in meinen neuen Lebensabschnitt mit hinein: Brücke zu sein zwischen den Generationen, zwischen Ost und West auf Grund meiner Biografie, zwischen den Völkern, besonders denen, die in die unheilvollen Ereignisse im Dritten Reich verwickelt waren, an denen unser Volk schuldig geworden ist. Ich möchte mit der mir verbleibenden Zeit dem Frieden dienen.

»Alles hat seine Zeit,
Geboren werden hat seine Zeit,
Sterben hat seine Zeit,
Weinen hat seine Zeit, und Lachen
Hat seine Zeit, Klagen und Tanzen,
Umarmen und Getrenntsein,
Suchen und Verlieren,
Behalten und Wegwerfen,
Reden und Schweigen hat seine Zeit.«,
sagt der Prediger Salomo.

So ist für mich nun die Zeit des Abschied-Nehmens gekommen.

Ich möchte allen danken, die mich auf meinem Weg in vertrauensvoller Zusammenarbeit unterstützt und begleitet haben. Danke allen, die diese Feier so schön und würdig gestaltet haben!

Ich danke Ihnen!«

Ende der Dienstzeit: wie ein Stück Tod. Nichts kann mehr geändert, nichts gewonnen, nichts verloren werden. Es ist ein Stück Trauer dabei, besonders, wenn man, wie ich, seinen Beruf gern ausgeübt hat. Das gewohnte Koordinatensystem gilt nicht mehr: die Stunde Null. Man muss von vorn anfangen. Manchen stürzt dieser Augenblick in eine Leere, in Depressionen oder körperliche Erkrankungen bis hin zum Herzinfarkt. Es ist eine Krise, die man durchleben muss. Andrerseits: »Krise« heißt nichts anderes als »Entscheidung«: Also auch der positive Neubeginn ist möglich. Was setzt das voraus? Wir sollen die große Chance erkennen, die uns in der Zeit geschenkt wird, einer Zeit, die nicht mehr durch Pflichten im Dienst eng verplant ist. Wir haben Zeit, Bilanz zu ziehen, abzuwägen, welche Fragmente unseres Lebens sich in der verbleibenden Frist auf welche Weise zu einem Ganzen zusammenfügen lassen, damit wir es eines Tages in Frieden mit uns und der Welt abschließen können.

Meine hilfreichen Quellen (Ressourcen)

Resilienz und ihre Auswirkungen
in meinem Leben

»Die Zeit heilt Wunden«, sagt ein Sprichwort. Tut sie es
wirklich? Sie tut es nur dann, wenn – wie bei körperli-
chen Verletzungen, die Wunden aufgedeckt und sachge-
mäß behandelt werden. Sonst eitern sie und vergiften
den Körper. Bei seelischen Verletzungen durch den Krieg
ist es nicht anders. Nur: Bisher wurden diese Wunden
weitgehend ignoriert oder verleugnet. »Hab'dich nicht
so!« pflegte meine Mutter zu sagen, wenn ich – ihrem
Empfinden nach – über etwas zu sehr jammerte. Klagen
waren belastend und unerwünscht in der Zeit, in der es
um das Überleben ging. So verbiss man den Schmerz,
der einem zugefügt worden war. Er schien nicht zu exis-
tieren. Verhaltensauffällig waren wir Kriegskinder in
der Regel nicht. Später waren wir selbst mit der Ausbildung, dem Berufs- und Familienleben so beschäftigt,
dass die Verletzungen in Vergessenheit gerieten. Jetzt,
im Ruhestand, wenn die junge Generation aus dem Haus
ist, melden sie sich wieder, bei manchen aktiviert durch
den Irak-Krieg.[40] Sie fordern ihr Recht. Sie wollen wahr-
genommen und anerkannt werden, damit sie Heilung
erfahren können. Das Pflaster muss abgerissen werden,
auch wenn es weh tut. Eine ehrliche Bestandaufnahme
ist nötig. Das fällt nicht leicht. Wer mag schon zugeben,
keine glückliche, sondern eine überschattete Kindheit

---

40 Gertrud Ennulat: Kriegskinder, Stuttgart 2008, S. 32 und 75

und Jugend gehabt zu haben? Man scheint damit die Eltern anzuklagen, die ja auch nicht daran schuld waren, sondern das Beste gewollt haben. Schließlich hatten wir Deutsche den Krieg angezettelt und verloren. Es geschah uns also recht? – Auch ich bin betroffen: Die Ereignisse, die in dem Buch aus der Kriegszeit dargestellt wurden, sind zweifellos belastend. Sie waren eingebettet in ähnliche Ereignisse wie Bombennächte und Angriffe durch Tiefflieger. Mein Schicksal ist kein Einzelschicksal, im Gegenteil: Man kann davon ausgehen, dass ein hoher Prozentsatz der mit mir Gleichaltrigen von den Kriegshandlungen schwer betroffen war, viele weit schlimmer als ich. Um so notwendiger erscheint es mir, dass wir unsere Kriegsgeschichte gemeinsam aufarbeiten. Ich kann es nur so darstellen, wie ich sie erlebt habe. Jeder muss da seinen eigenen Weg finden, im eigenen Interesse. Er muss prüfen, wie groß seine Resilienz ist oder war, anhand seines Verhaltens, das auf diese Verletzungen folgte, wie er jetzt zu seiner Vergangenheit steht. Luise Reddemann definiert sie als »seelische Widerstandskraft«[41].

Zunächst möchte ich an drei Beispielen erläutern, wie man sich »Resilienz« vorstellen kann.

Resilienz ist wie eine Matratzenfeder, die in ihre ursprüngliche Form zurückspringt (lat. re-silire – zurück springen), sobald sich jemand vom Stuhl oder Bett erhebt.

Elisabeth von Thüringen vergleicht sie mit dem Schilf am Fluss: » Schwillt der Fluss an, drückt er das Schilf nieder, ohne es zu knicken. Geht der Wasserspiegel

---

41 Luise Reddemann: Überlebenskunst, Stuttgart 2006, S. 52 f.

zurück, so richtet sich das Schilf wieder auf, wächst in Kraft fröhlich und schön«[42].

Ein drittes Beispiel ist die Boje, die – im Meeresboden verankert – auch in schweren Stürmen von Wellen überspült wird, aber immer wieder an der gleichen Stelle als Orientierungspunkt auftaucht.

In allen drei Beispielen ist eine feste Verankerung, eine Rückbindung entscheidend, welche die Widerstandskraft gewährleistet. Wichtig ist auch die eigene Aktivität, um die stabile Ausgangsposition zurückzugewinnen. Welche positiven Kräfte, Quellen (Ressourcen) sind dabei wirksam? Luise Reddemann nennt bei resilienten Kindern als eine Voraussetzung mindestens eine fürsorgliche Bezugsperson[43]. Häufig, wie auch bei mir, war es die Mutter. Das Problem der Kriegskinder: Was geschieht, wenn ein Kind diese Person durch Kriegsereignisse verliert? Auch bei mir war ja diese Gefahr nicht nur einmal akut. Als Kind empfindet man eine solche Situation als äußerst bedrohlich. In einem solchen Fall ist die Resilienz sicher stark herabgesetzt, verbunden mit dem Gefühl, hilflos ausgeliefert zu sein. Bei mir war das etwa während des Krankenhausaufenthaltes auf der Isolierstation der Fall. Das Kind hat dann nicht mehr das Selbstvertrauen, die Situation beeinflussen zu können. Manchmal kann eine andere Bezugsperson, eventuell außerhalb der Familie, einspringen, um den Schaden zu begrenzen. Bei niemandem ist ja mit einem solchen Verlust, mit einer schweren Kindheit, das letzte Wort gesprochen. Entscheidend ist, welche Ressourcen

---

42 Ortrud Reber: Elisabeth von Thüringen, Regensburg 2006, S. 153, vgl. auch S. 197, Anm. 174
43 Luise Reddemann, a. a. O. S. 53

sonst noch vorhanden sind und wie sie eingesetzt werden.

Wenn ich meine Kindheit daraufhin betrachte, so glaube ich, ein eher resilientes Kind gewesen zu sein. Denn sobald ich dem Kriegsgeschehen nicht mehr ausgeliefert war, habe ich sehr wohl versucht, meine Situation positiv zu beeinflussen. Ein Beispiel: Als wir in Wittenberg mit den unliebsamen Untermietern die Wohnung teilen mussten, suchte ich außerhalb bei meiner Freundin Renate und deren Familie Schutz. So vermied ich es, mit Horchs allein in der Wohnung zu sein. Meine Mutter konnte mir nicht helfen, weil sie ja selbst bedroht war, und das wusste ich. So musste ich aktiv werden, soziale Kompetenzen entwickeln und einsetzen, um mich bedrohlichen Situationen zu entziehen.

Als nächstes Beispiel sei die Flüchtlingsproblematik in Großelbe angeführt. Spannungen zwischen Einheimischen und Flüchtlingen waren ja allerorts gegeben: Wer mag es schon, wenn über eine Behörde völlig fremde Leute in das Haus oder in die Wohnung einquartiert werden? Ich war als Flüchtling aus der Sowjetzone auch davon betroffen. So erschien es mir zunächst aussichtslos, diese Abneigung gegeneinander zu überwinden. Das war die Realität. Trotzdem sah ich als 14-Jährige im Konfirmandenunterricht eine Chance. Hier mischten sich ja die Gruppen durch den gemeinsamen Jahrgang. Aus meiner Erinnerung wusste ich, wie schlecht die Nahrungsmittelversorgung in der Sowjetzone war. Es gab 1955 noch Lebensmittelkarten[44]. Die meisten Menschen waren also in Punkto Nahrung schlechter dran als

---

44 Vgl. Erich Riedel: Vom Werden und Vergehen der LPG, Querfurt 2005, S. 144, wonach die Lebensmittelkarten durch ein Gesetz vom 28. 05. 1958 abgeschafft wurden.

die ärmsten Flüchtlinge im Westen, die doch wenigstens ohne Lebensmittelkarten an das Nötigste herankamen. Der Konfirmandenunterricht legte es auch inhaltlich nahe, Nächstenliebe ganz praktisch auszuüben, indem wir gemeinsam eine Päckchenaktion starteten. Für Anschriften sorgte ich, da ich noch Bindungen nach »drüben« hatte. So wurden gleich Brücken auf verschiedenen Ebenen gebaut: zwischen Ost und West, aber auch zwischen den Einheimischen und den Flüchtlingen, die bei der Aktion zusammenarbeiteten. Wir gingen ohne Unterschied von Tür zu Tür, um die unterschiedlichsten Gaben zu empfangen. Sicher habe ich bei den Einheimischen auch um Hilfe gebeten, die Vorräte und die Päckchen bis zur Abfertigung bei ihnen zu lagern, weil sie teilweise Bauernhöfe und damit mehr Platz hatten. Denn in unserer kleinen Wohnung wäre dafür nicht genug Raum gewesen.

Damit war bei mir ein Raster für ähnliche Handlungen entstanden, nach dem ich – unbewusst – immer wieder vorgegangen bin:

Eigene Betroffenheit

Wahrnehmung

Gegenmaßnahmen, die eine konstruktive Wirkung haben sollten

Anstrengungen, diese zu verwirklichen, manchmal bis zur Schmerzgrenze

Gefühl der Erleichterung und Freude, wenn die erhoffte Wirkung erzielt worden war.

Auf diese Weise versuchte ich auch, traumatische Erlebnisse des Krieges abzubauen. Möglichkeiten dafür ergaben sich aus meinem Berufs- und Lebensweg. Die erste fand sich in der Begegnung mit Olga noch während des

Kalten Krieges, völlig unerwartet, in Großbritannien. Aus dem Kollektiv der »feindlichen Russen« aus der Kriegszeit trat sie als liebenswürdige und hilfsbedürftige Einzelpersönlichkeit hervor. Ich griff die Situation auf und konnte ihr durch meine sprachliche Überlegenheit im Englischen helfen. Gleichzeitig wollte ich sie nicht nur zur Hilfsbedürftigen degradieren, sondern ihr die Möglichkeit für eine Gegengabe bieten: ihre Sprache. Für mich bedeutete das einen Gewinn. Dass sie damit bei mir eine Wunde aufriss, konnte und sollte sie nicht wissen. Ich hatte ja selber das Pflaster abgerissen, indem ich mich bei der Fachschaft Russisch einschrieb. So kam es zwischen uns zu einem sehr ausgewogenen menschlichen Verhältnis, in dem Toleranz herrschte. Ich war stolz darauf, dass ich von meinen Studenten für eine Aufsicht im Prüfungsraum gehalten wurde und ihnen erklärte: »Nein, ich mache eine Prüfung in Russisch.« Meine nunmehr veränderte Sichtweise und meine erweiterten Kenntnisse verhalfen mir bei meinem Moskau-Besuch zu Einblicken in die ungeschminkte Alltagswelt des Kommunismus, die der offiziellen Führung höchst unerwünscht waren, wie auch der vergnügliche Abend meiner Reisegruppe in einer russischen Hochzeitsgesellschaft. Andererseits zeigt meine Irrfahrt durch Naumburg im Jahr 1990, wie tief die Furcht vor den russischen Soldaten noch immer in mir sitzt und diesbezüglich meine Resilienz bei einem erneuten Gefühl der Bedrohung schnell wieder zusammenbrechen kann.

Die Wende bot mir weitere Chancen, Kriegserlebnisse aufzuarbeiten. Das wird schon im Inhaltsverzeichnis deutlich: Es erscheinen die gleichen Ortsnamen im Rahmen der Kriegserlebnisse und nach der Wende. Dabei ergaben sich erhebliche Unterschiede.

In Purschenstein bedurfte es der räumlichen Konfrontation, welche die Aufarbeitung der Furcht vor dem russischen Militär ergänzen musste. Dazu brauchte ich viel Mut, hatte aber Hilfe erbeten. Meine beiden Begleiter waren Ortrud, eine Kollegin in Dresden, und mein Neffe Christian, die mich gut genug kannten, um die Situation abzufangen. Die Konfrontation gelang. Allerdings waren bei mir Möglichkeiten, das Schicksal des Schlosses positiv zu beeinflussen, nicht vorhanden. Doch habe ich diejenigen, die es konnten, mit großer Anteilnahme begleitet. Sicher hat das auch ermutigend gewirkt und zu einem guten Ende der Verhandlungen geführt.

Anders bei Schloss Heynitz: Hier konnte ich selbst aktiv werden und innerhalb einer Koalition zur Rettung des Schlosses für die Familie eingreifen. Wir mussten schnell und gezielt handeln. Das forderte von mir in jeder Hinsicht einen hohen Einsatz, zeigte aber, dass durch eine Zusammenarbeit mit Gleichgesinnten auch ein hoch gestecktes Ziel realistisch werden kann. So kann das mit tiefer Trauer belastete Haus von 1945 in ein Haus des gesunden Lebens, der Lebensfreude, verwandelt werden.

Mein Entschluss, nach Dresden zu gehen, war wohl der riskanteste, aber ich hatte ja schon bei meinen Auslandaufenthalten Flexibilität bewiesen. Das gemeinsame geistliche Wertesystem, das mich mit meinen neuen Kollegen verband, sicherte diesen Schritt ab. Wir wollten ja die Aufgabe, das St. Benno-Gymnasium neu zu errichten, unter diesem Aspekt gemeinsam angehen. Wichtig war, dass wir alle Lehrer mit einiger Berufserfahrung waren und damit neben der nötigen sachlichen Kompetenz auch die psychische Belastbarkeit mitbrachten, um uns den Herausforderungen zu stellen.

Das gab uns bei aktuellen Schwierigkeiten eine gewisse Gelassenheit. Dabei stärkten wir gegenseitig unsere Resilienz, was ein wünschenswerter Nebeneffekt war. So teilten wir auch die Freude an der neuen Schule, dem Ergebnis unseres Einsatzes. Ein Ausdruck dafür war unsere Feier auf dem Dachgarten der Schule, auch wenn es eine Abschiedsfeier war. Im Rahmen meiner Möglichkeiten hatte ich dazu beigetragen, das zerstörte Dresden wieder aufzubauen.

Betraf das St. Benno-Gymnasium mein Berufsfeld, so stand der Wiederaufbau der Frauenkirche in Dresden auf einer höheren Ebene insofern, als sie als ein Symbol für die Stadt angesehen werden kann. Deshalb verfolgte ich den Prozess der Wiedererrichtung mit so großer innerer Anteilnahme, weil ich ihn als Ausgleich für die Zerstörung der Stadt am 13. Februar 1945 empfand. Ich habe dabei kaum etwas dafür tun können, aber mit einer unbändigen Hoffnung darauf gesetzt, dass das Unmögliche möglich wurde. Und doch trat es ein. Der Grund: Der Selbstheilungsprozess war bei den Beteiligten im In- und Ausland so weit fortgeschritten, dass dieses große Werk gelingen konnte. Dafür steht die Frauenkirche: als ein Werk der Versöhnung, des Neuanfangs, des Friedens zwischen den Völkern, die zur Zeit meiner Geburt und meiner frühen Kindheit Krieg gegeneinander geführt hatten. Ich bin auch dankbar, dass ich dieses Gefühl mit meiner englischen Freundin Margaret teilen durfte.

Vorbilder

Resilienz kann sich nicht im luftleeren Raum entwickeln, sondern braucht die Interaktion von Mensch zu Mensch. Wichtig ist, dass man sich helfen lässt und anderen hilft: Grundbedingung für jedes soziale Netz. Doch auch Vorbilder spielen bei dem Aufbau von innerer Widerstandskraft eine wichtige Rolle: Wie haben es andere geschafft, sich in einer schwierigen Lage zu behaupten? Ich möchte dafür drei Beispiele von Personen anführen, die in den vorigen Kapiteln genannt sind, und noch eine weitere hinzufügen, die mir für eine wichtige Komponente steht.

Als ersten möchte ich meinen Onkel Herbert nennen, der seinen Hof durch die Zwangskollektivierung an die LPG verlor. Um für sich einen Ausgleich für die triste Wirklichkeit zu schaffen, erweiterte er sein Wissen durch Lesen von Fachbüchern. Er las Bücher seiner weitgestreuten Interessen, etwa Geschichte und spielte gegen sich selbst Schach. So hielt er seinen Geist lebendig und schottete sich innerlich ab. Die Einzelheiten, wie man sich eine Gegenwirklichkeit aufbaut, lassen sich variieren, haben sich aber auch bei längeren Krankheiten bewährt.

Tante Lotte fand die Gespräche, die sich aus solchen Lektüren ergaben, auch für sich bereichernd. Ein Leben lang hatten sich ja die Ehepartner gegenseitig ergänzt und gestützt. Tante Lottes Halt in schwerer Zeit war ihre tiefe Frömmigkeit, die durch nichts ins Wanken kam. Sie konnte sich in das fügen, was ihr zugemutet wurde. In ihrer Bescheidenheit nahm sie sich selbst nicht so wichtig. Das hatte ihr sicher schon bei dem nicht einfachen Start ins Familienleben geholfen, als sie einen Witwer mit zwei Kindern heiratete. Die beiden sind mir in lebendiger Erinnerung und gute Beispiele für mein Leben.

Die dritte Persönlichkeit lernte ich erst während meines Studiums in Marburg kennen und verehren: Elisabeth von Thüringen, Landgräfin und Heilige. Oft saß ich in der nach ihr benannten, herrlichen gotischen Kirche, wo sich ihr Grab befindet, und dachte über sie nach. Ihre Statue mit der schweren goldenen Krone schien mir nicht so recht zu ihr zu passen nach allem, was ich über ihr Leben wusste. In ihrer Liebe zu Christus hat sie sich über alle Standesgrenzen hinweg den Armen zugewendet und nicht hingenommen, dass man auf dem thüringischen Hof, auf der Wartburg, auf ihre Kosten lebte. Daher lehnte sie alle Speisen ab, die »unrecht erworben waren«[45]. Ich bewundere ihre Konsequenz, die auch ein Zerwürfnis mit ihrem Schwager Heinrich Raspe in Kauf nahm[46], was zu ihrem Auszug aus der Wartburg führte. Eines Tages entdeckte ich an einer Säule ein Fresco, das die Heilige in einem schlichten, erdfarbenen Gewand zeigt, wie sie einem Bettler eine Gabe reicht. »Das ist die echte heilige Elisabeth«, dachte ich. Sicher war es in ihrem Sinne, dass ich mich einer Studentengruppe anschloss, die sich um einen sozialen Brennpunkt in Marburg kümmerte.

Die vierte Persönlichkeit, die mir zum Vorbild wurde, stammt aus dem Alten Testament: Josef, der Lieblingssohn des Erzvaters Jakob. Er wird von seinem Vater vor allen seinen Brüdern bevorzugt und weckt damit deren Eifersucht. Diese steigert sich zu Hass, als er ihnen von seinen Träumen erzählt, in denen sie sich vor ihm beu-

---

45 Vgl. dazu Ortrud Reber, a. a. O. S. 96 f.
46 Ortrud Reber, a. a. O. S. 118

gen. Deshalb nehmen die Brüder eine Gelegenheit wahr, ihren Bruder Josef als Sklaven nach Ägypten zu verkaufen. Dort gelangt er zu Potiphar, einem hohen Beamten. Doch Gott gibt Josef eine glückliche Hand in allem, was er tut, was ihm hohes Ansehen einbringt. Auch in Ägypten wird für ihn ein Traum wichtig, in dem sieben fette und sieben magere Jahre für das Land vorausgesagt werden. Der Traum geht in Erfüllung. Josef hat vorgesorgt, und so kann er eine Hungersnot in Ägypten abwenden. Doch auch Jakob und seine Söhne geraten in Bedrängnis und müssen in Ägypten Getreide kaufen. Dort stoßen sie auf ihren Bruder Josef, der sich ihnen nicht zu erkennen gibt, sondern sie und den Vater auf eine harte Probe stellt. Schließlich gibt sich Josef zu erkennen:

»Josef vermochte sich vor all den Leuten, die um ihn standen, nicht mehr zu halten und rief: Schafft mir alle Leute hinaus! So stand niemand bei Josef, als er sich seinen Brüdern zu erkennen gab. Er begann so laut zu weinen, dass es die Ägypter hörten; auch am Hof des Pharao hörte man davon. Josef sagte zu seinen Brüdern: Ich bin Josef. Ist mein Vater noch am Leben? Seine Brüder waren zu keiner Antwort fähig, weil sie fassungslos vor ihm standen. Josef sagte zu seinen Brüdern: Kommt doch näher zu mir her! Als sie näher herangetreten waren, sagte er: Ich bin Josef, euer Bruder, den ihr nach Ägypten verkauft habt. Jetzt lasst es euch nicht mehr leid sein, und grämt euch nicht, weil ihr mich hierher verkauft habt. Denn um Leben zu erhalten, hat mich Gott vor euch hergeschickt.«[47]

---

[47] 1. Mose 45, 1–28 nach einer Übersetzung von Jörg Zink. Es lohnt sich, die ganze Episode (1. Mose, 37–50)zu lesen, am besten noch die Vorgeschichte: 1. Mose 25–35, um die Dramatik dieser Familiengeschichte in vollem Umfang zu verstehen.

Folgende Punkte erscheinen mir hier wichtig:

Josef ist durch sein Leid gereift und hat soziale Kompetenz gewonnen. Er verwendet seine Talente in Ägypten zum Wohle der Menschen und ist ein redlicher Verwalter dessen, was ihm anvertraut ist. So gewinnt er Freunde in der Fremde, die Heimatlosigkeit ist für ihn nicht mehr ein Problem.

Seine Fähigkeit, Träume zu deuten, dient nicht mehr zur Selbsterhöhung, sondern zur Rettung vieler Menschen vor dem Hungertod. Das führt ihn wieder mit seiner Herkunftsfamilie zusammen, für die er auch der Retter aus der Hungersnot wird.

Wichtig erscheint mir seine Deutung seines Schicksals: »Denn um Leben zu erhalten, hat mich Gott vor euch hergeschickt.« Kein Vorwurf, kein Groll, keine Verbitterung: Josef kann verzeihen. Das erscheint mir als eine wesentliche Quelle für das innere Gleichgewicht eines Menschen. Nicht vergebene Schuld belastet beide: den, der das Unrecht getan und den, der es erlitten hat. Sie baut eine Schranke auf, die nicht sein müsste. Die Emotionen, die dabei frei werden, sollte man nicht unterschätzen: Josef bricht in Tränen aus, ein erwachsener, mächtiger Mann! Doch sie sind ein Ventil für die starken Gefühle, die ihn bewegen, sie sind heilsam.

Uns Kriegskindern hat man das Weinen weitgehend abgewöhnt. Wie viel Kummer hat sich dadurch angestaut? –

Meine persönlichen Ressourcen

Trotzdem hat jeder von uns persönliche Ressourcen mitbekommen, mit denen er seine innere Widerstandskraft stärken kann. Ich möchte einige von meinen Kraftquellen nennen, die ich teils ererbt, teils erworben habe.

Als erstes möchte ich die Musik nennen, Trösterin in allen Lebenslagen, und von Anfang an verbunden mit Spiritualität. Am Anfang waren es die geistlichen Kinder- und Abendlieder, die mir meine Mutter beibrachte. Schon als Siebenjährige saß ich Karfreitag mit Andacht vor dem »Volksempfänger« und lauschte Bachs »Matthäus-Passion«. Durch die Nachkriegsverhältnisse konnte ich leider kein Instrument systematisch erlernen, doch war es bezeichnend, dass ich meine Blockflöte und die Flöten-Schule auf die Flucht aus der Sowjetzone mitgenommen hatte. Sie blieb mein Instrument, ergänzt durch die Altflöte, der eine größere Vielfalt an Literatur gewidmet ist. In unserer Dorfschule in Großelbe wurde viel gesungen. Das kostete nichts und störte niemanden. So entwickelte ich dieses Instrument der menschlichen Stimme weiter und erfuhr in Chören Gemeinschaft. Durch jahrelange Chorpraxis lernte ich viele Kantaten, Motetten, Messen und Oratorien kennen. Ich bin froh, noch mitsingen zu können.

Ein anderes Talent, das ich von meinem Vater und dessen Mutter Anna geerbt habe, ist die künstlerische Begabung, meine Neigung, meine Umgebung schön zu gestalten. Als Schülerin habe ich Aquarell gemalt. Nach meinem Eintritt in den Ruhestand habe ich mich mit Patchwork beschäftigt. Es ist eine echte Kunst für Nachkriegskinder: aus Stoffresten etwas Neues, Geschmackvolles zu gestalten. Man kann anderen damit Freude bereiten. Diese Kunst lässt sich auch auf andere Bereiche übertragen: aus fünf Resten von Blumensträußen anlässlich einer Feier einen neuen, interessant gemischten zu gestalten, aus Resten verschiedener Speisen ein neues Gericht zu kreieren. Mir ist nicht bange wegen der Zukunft, wenn wir den Gürtel enger schnallen müssen: Es ist möglich, mit wenigen Mitteln viel zu erreichen. Unsere Mütter waren Meisterinnen darin: Aus Kastanien und abgebrannten Streichhölzern entstanden Tiere. Sie wussten, den Mangel geschickt zu verwalten, und wir Kriegskinder haben ihnen auf die Finger geschaut.

Eine andere Möglichkeit, kreativ zu sein, ist das Fotografieren. Es macht einem die Schönheit der Natur so recht bewusst und lässt einen den Moment, die Gegenwart, intensiv erleben. Bei Familienfeiern hält man wichtige Augenblicke fest und bringt den Beteiligten Freude ins Haus, wenn man ihnen die Aufnahmen schickt. Besonders spannend finde ich es, Tiere zu fotografieren. Es fällt leichter, wenn man zu ihnen einen guten Draht hat. Schon in der Kindheit war ich ihnen sehr verbunden. Sie waren mir in traurigen Stunden einfühlsame Tröster.

Für alles das bin ich dankbar. Auch Dankbarkeit ist eine gute Ressource, die einem bewusst macht, was man Gutes empfangen hat.

Und wenn etwas nicht so gut läuft?

Dann hilft die Gabe des Humors: die Fähigkeit, die Dinge zu sehen, wie sie sein sollten, und sie hinzunehmen, wie sie sind. Dieser innere Abstand bewahrt einen davor, sich zu wichtig zu nehmen.

Jeder findet seine eigenen Ressourcen, wenn er danach sucht. Niemand ist ganz leer ausgegangen. Deshalb noch ein paar Hinweise, wie man als Kriegskind diese aufspüren und dadurch mit sich Frieden schließen kann, denn:

Wir Kriegskinder sind Überlebenskünstler!

Was hilft uns dabei?
- Aktiv werden!
- Konfrontation mit dem Leidvollen wagen!
- Hilfe holen, wenn nötig, die eines Psychotherapeuten!
- Das innere Kind auf den Arm nehmen, und sei es noch so unscheinbar.(»Du bist das liebste und schönste Kind, auch wenn du weinst!«)
- In der Vergangenheit das Positive suchen! (»Wie habe ich welche schwierige Situation gemeistert? Was war dabei hilfreich?«)
- In der Gegenwart leben und kreativ sein!
- Situationen optimieren! (Aus der Not eine Tugend machen!)
- Vertrauen wagen: zu anderen Menschen und zu einer Macht, die liebend über uns steht.
- Schließlich: Alles aufschreiben oder irgendwie dokumentieren, auf welche Weise auch immer: alte Fotos beschriften, malen, Collagen anfertigen, etwa zum Thema »Kriegsweihnacht«.

Wir sind die alternden Zeitzeugen einer schwierigen geschichtlichen Epoche unseres Landes und Europas und tragen damit eine Verantwortung dafür, dass unsere Erfahrungen nicht verloren gehen. Wenn wir nicht mehr leben, bleiben nur sekundäre Quellen übrig.

Mich hat mein Neffe gebeten, alles aufzuschreiben.

Wir brauchen keine Angst vor Überdruss zu haben, wenn wir unsere Erlebnisse unter den Aspekt stellen: Was ist aus dem Schlimmen Gutes geworden? Welche Schlüsse lassen sich daraus auch für die jüngere Generation für eine gelingende Zukunft ziehen? Dieser Blickwinkel erleichtert es einem auch selbst, die schwierige Aufgabe anzupacken, denn beim Aufschreiben wird alles Erlebte noch einmal gegenwärtig mit seinen Belastungen. Die Generationen nach uns werden uns dafür dankbar sein, wenn wir uns selbst trotz allem zur Dankbarkeit durchringen können. Das ist der größte Lohn für unsere Geduld. Dann werden unsere Erzählungen zu einer Brücke zwischen den Generationen werden.

Nachwort

Volkstrauertag in Dresden

Elke, Ingrid, Christine, Uwe, Gerhard,
Ihr liegt verbrannt auf dem Dresdener Altmarkt,
durftet nicht meine Freunde werden!
Eure Asche trägt man zum Heidefriedhof.
Ich darf leben.
Warum eigentlich ich? –

Viele Kinder in meinem Alter wurden von den Granatsplittern des Krieges tödlich getroffen:
Viele starben im Inferno von Dresden am 13. Februar 1945, das ich aus sicherer Entfernung mit Entsetzen wahrnahm.
Viele starben im Bombenhagel in einer anderen Stadt.
Viele wurden von den Russen oder anderen feindlichen Truppen erschossen und kamen nicht mit dem Leben davon wie ich in Purschenstein.
Viele verloren in den Wirren des Krieges ihre Eltern, was auch mir beinahe passiert wäre.
Viele kamen auf der Flucht um.
Viele starben an Hunger, Erschöpfung oder an schweren Krankheiten. Auch ich bin in Wittenberg nur knapp dem Tod an Diphtherie entgangen.
Ihrer aller möchte ich mit diesem Buch gedenken.
Mein ehrendes Andenken gilt auch den Frauen und Müttern, die unsägliche Anstrengungen, Gefahren, Leid und Demütigungen auf sich nehmen mussten. Ihnen,

besonders aber meiner Mutter, möchte ich an diese Stelle Dank sagen.

Auch mein Leben ist vom Krieg gezeichnet wie das meiner Altersgenossen, für die ich stellvertretend zu schreiben versuchte. Nicht alles konnte und kann aufgearbeitet werden; wir müssen mit unseren bleibenden Kriegsverletzungen leben.

Und doch habe ich im Rückblick auf mein Leben eine Sinnhaftigkeit erkennen können: Aus der Klage ist ein Lied geworden. Die Strophen sind durch die Grenzen markiert, die ich überschritten habe. Zunächst waren es Grenzen, die durch die Nachkriegspolitik gezogen waren. Später habe ich von mir aus viele Grenzen überschritten, um die Botschaft von Frieden und Freundschaft weiterzutragen. Eine Heimat und ihre Geborgenheit habe ich nicht gefunden, dafür aber Freunde in aller Welt, die mir Heimat und Geborgenheit schenken.

Grenzen liegen noch vor mir: Grenzen, die das Alter setzt. Selbstmitleid darüber ist nicht angebracht und wirkt abstoßend. Ich möchte ein liebenswerter alter Mensch werden. Eines Tages werde ich eine letzte Grenze überschreiten, die mit »Transzendenz« umschrieben wird. Dann wird jemand anders das letzte Reimwort meines Lebensliedes sprechen.

Dank

Ein Buch zu schreiben, ist wie eine anstrengende Bergtour. Es gibt unterwegs schwierige Etappen, auf denen man abstürzen kann. Daher sollte man diesen Weg nicht allein gehen.

Deshalb möchte ich allen danken, die mich begleitet haben: durch Gespräche oder andere Formen der Unterstützung.

An erster Stelle gilt mein Dank Dr. Luise Reddemann, mit der ich die Liebe zu Bachs Musik teile. Sie hat mir durch ihr Buch »Überlebenskunst« die Anregung für dieses Buch gegeben. Ihr verdanke ich die für mich neue Einsicht, dass man für eine seelische Gesundung auch den Blick auf das Positive in seiner Lebensgeschichte braucht: was einem innere Widerstandskraft, Resilienz, verliehen hat und welche Ressourcen in einem Menschen stecken.

Danken möchte ich vor allem denen, die meinen Weg vom Anfang bis zum Ende begleitet haben: Dr. Ortrud Reber, früher meine Kollegin am St. Benno-Gymnasium, hat mein Manuskript kritisch mitgelesen. Als älteres Kriegskind konnte sie mir in Gesprächen noch manchen wichtigen Hinweis geben.

Mein Dank gilt meiner Cousine Astrid von Friesen, besonders für ihre ermutigenden Worte. Sie hat auch als Psychotherapeutin ein waches Auge auf mich gehabt.

Mein Vetter Krafft von Heynitz gab mir wertvolle Hinweise auf die Geschichte seines Familiensitzes nach 1945: herzlichen Dank!

Für Informationen über Purschenstein danke ich

Bürgermeister Peter Haustein und Revierförster Dietmar Mende. Es war eine erfreuliche Begleiterscheinung, dass ich bei meinen Recherchen mit so vielen Menschen ins Gespräch kam und sich auch neue Kontakte ergaben.

Dieses Buch zu schreiben, war seelisch und körperlich sehr anstrengend. Dass ich im Gleichgewicht blieb, verdanke ich meiner Freundin Dr. med. Renate Müller und meiner Hausärztin Dr. med. Mareile Mayer, die regen Anteil an der Entstehung des Manuskripts nahmen.

Last but not least gilt mein Dank denen, die mir halfen, den Kampf mit meinem Computer zu bestehen. Meine frühere Kollegin Ursula Jaeger und ihr Mann Werner legten eigens einen »Arbeitsurlaub« bei mir ein, um mir das Nötige beizubringen.

Ein Buch ist ein Gemeinschaftswerk. Allen sei Dank, die es möglich machten!

Bad Staffelstein, den 19. November 2008
Brita von Schönberg

Literaturverzeichnis

Bode, Sabine: *Die vergessene Generation,*
9. Auflage, München 2007

Böll, Heinrich: *Ansichten eines Clowns,*
5. Auflage, München 1968

Borchert, Wolfgang: *Draußen vor der Tür und ausgewählte Erzählungen,* 176. – 200 000, Hamburg Mai 1958

Chamberlain, Sigrid: *Adolf Hitler, die deutsche Mutter und ihr erstes Kind,* 4. Auflage, Gießen 2003

Donath, Matthias: *Schlösser in der Sächsischen Schweiz und im Osterzgebirge,* 1. Auflage, Meißen 2006

Donath, Matthias: *Schlösser zwischen Elbe und Mulde,*
1. Auflage, Meißen 2007

Echtermeyer/von Wiese: *Deutsche Gedichte,*
18. Auflage, Berlin 1994

Ennulat, Gertrud: *Kriegskinder. Wie Wunden der Vergangenheit heilen,* 2. Auflage 2008

Evangelisches Kirchengesangbuch, *Ausgabe für Bayern und Thüringen,* München o. J. (EKG)

von Friesen, Astrid: *Der lange Abschied,*
3. Auflage, Gießen 2006

Großkopf, Rudolf: *Unsere 50er Jahre. Wie wir wurden, was wir sind,* Frankfurt/Main 2005

Grün, Anselm: *Einreden,*
19. Auflage, Münsterschwarzach 2008

Güttler, Ludwig (Hrsg.) *Der Wiederaufbau der Dresdener Frauenkirche,* 2. Auflage, Regensburg 2007

von Heynitz, Benno: *Das Haus Heynitz,* Hannover 1977

Janus, Ludwig (Hrsg.): Geboren im Krieg, Gießen 2006

Kossert, Andreas: *Kalte Heimat,* München 2008

Kotteder, Franz und Wolf, Eberhard: *Der Krieg ist aus.
Erinnern an München nach 1945,* München 2005

Lorenz, Hilke: *Kriegskinder. Das Schicksal einer
Generation,* 3. Auflage, Berlin 2007

Maar, Paul: *Kartoffelkäferzeiten,* Hamburg 2002

Mende, Dietmar: *Beiträge zur Forstgeschichte des Besitzes
der Herrschaft von Schönberg auf Schloss Purschenstein
zu Neuhausen,* Olbernhau 2006

Mende, Dietmar: *Unser Erzgebirge unter dem roten Stern,*
Marienberg o. J.

Mende, Dietmar: *Brief vom 29. 10. 2008*

Prüfer, Thomas (Hrsg.): *1945. Untergang und Neubeginn,*
Köln 2005

Reber, Ortrud: *Elisabeth von Thüringen. Landgräfin und
Heilige,* Regensburg 2006

Reddemann, Luise: *Überlebenskunst,*
3. Auflage, Stuttgart 2007

Riedel, Erich: *Vom Werden und Vergehen der LPG,*
Querfurt 2005

Satjukow, Silke: *Besatzer. Die Russen in Deutschland
1945 – 1994,* Göttingen 2008

Schischkoff, Georgi: *Philosophisches Wörterbuch,*
21. Auflage, Stuttgart 1982

von Schönberg, Erika: *Tagebuch 1940 – 1945,*
handschriftlich (unveröffentlicht)

von Schönberg, Erika: *»Lieber Georg!«*
(Brief an meinen Vater, Wittenberg, den 1. 05. 1946)

12. Schönberg'sche Nachrichten, Mai 2008

Stiftung Frauenkirche Dresden *aus Anlass der Weihe am 30. 10. 2005,* 2.Aufl., Dresden 2006

Ustorf, Anne-Ev: *Wir Kinder der Kriegskinder,* 2. Auflage, Freiburg 2009

Wolf, Christa: *Kindheitsmuster,* Berlin/Weimar 1976

Ortschronik Neuhausen/Erzgebirge o. J.

Zeitschriften

Bundesministerium für Innerdeutsche Beziehungen: Merkblatt: Reisen in die DDR, 7. Auflage, Lübeck 1976

9. November 1989. Der Tag der Deutschen, Hamburg 1989

Chronik '90. Der Weg zur deutschen Einheit, Dortmund 1990

»60 Jahre Kriegsende« in: »Brigitte« – Autorinnen auf Spurensuche
»Brigitte« 10/Hamburg 2005

»Das deutsche Wunder«, in: »Spiegel« Nr. 20/1999

»Die Bundesrepublik wird 50«
Großer Jubiläumsrückblick, »Focus« Nr. 18/ München 1999

»Kriegstrauma: Nachts, wenn die Angst zurück kommt«, »Focus«27/München 2008, S. 78-83

DDR intern: Geschichte und Geschichten. PZ 97/ 1999

Lehrplan Deutsche Sprache und Literatur (Muttersprachenunterricht) Verlag Volk und Wissen, 5. Auflage, Berlin 1988

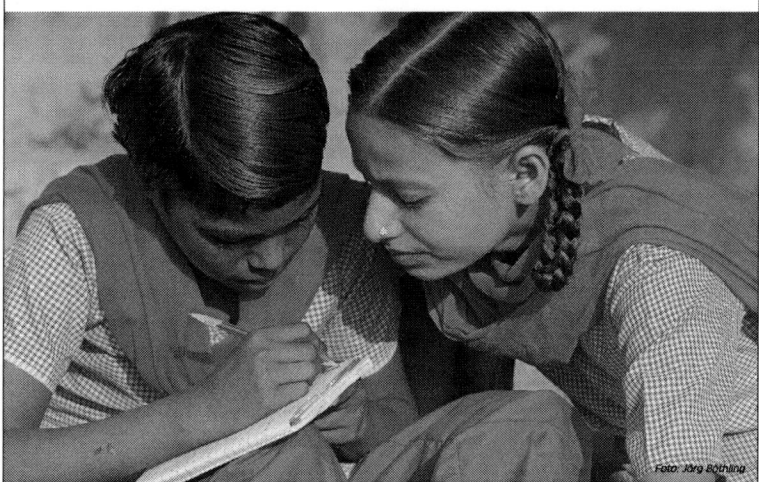